初中数学教学与学科能力培养

任智红　著

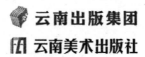
云南出版集团

云南美术出版社

图书在版编目（CIP）数据

初中数学教学与学科能力培养 / 任智红著. -- 昆明：
云南美术出版社，2022.4
ISBN 978-7-5489-4857-5

Ⅰ．①初… Ⅱ．①任… Ⅲ．①中学数学课－教学研究
－初中 Ⅳ．①G633.602

中国版本图书馆 CIP 数据核字 (2022) 第 055545 号

责任编辑　韩　洁　赵昇宝
责任校对　温德辉　胡国泉　师　俊
封面设计　林忠平

初中数学教学与学科能力培养

任智红　著

出版发行　云南出版集团
　　　　　云南美术出版社（昆明市环城西路 609 号）
制版印刷　三河市腾飞印务有限公司
开　　本　787 mm×1092 mm　1/16
印　　张　8.75
字　　数　181 千
版　　次　2022 年 4 月第 1 版
印　　次　2022 年 4 月第 1 次印刷
书　　号　ISBN 978-7-5489-4857-5
定　　价　50.00 元

前　言

　　初中数学教学应该注意培养学生应用数学的意识和能力，这已经成为我国数学教育界的共识。但数学的应用极其广泛，在初中生的有限认识内，教师介绍数学应用必须把握好尺度。在实际初中数学教学过程中，教师要注意不要因过度讲述数学的应用问题，而忽略了对基础理论知识的教学。因为基础理论知识教学的缺乏，会导致学生对学习应用数学产生困难。另外，数学的应用也不仅限于具体知识的实际应用，要注意在实际工作中应用一些数学观念和思想来解决实际问题。为了更好地提高学生的数学能力和数学成绩，教师要对数学学科中比较核心的内容进行分析。根据国内外学者与数学教育工作者多角度、长期的研究可以知道，数学学科能力中比较重要的主要有三个能力，即数学运算能力、空间想象能力及逻辑思维能力。笔者认为，只有培养与提高初中生的数学学科能力，才有可能使其自觉、主动地展开数学学习；只有初中生具备了数学学科能力，他们才能够享受学习数学的快乐。

　　为了研究初中数学教学与学科能力，笔者将本书分为六章，内容涉及初中数学学科特点、教学方法、教学模式与策略、教学技能、课堂教学评价与校本开发、学科能力培养、学生数学能力培养等，从多个角度阐释了对于数学教学与学科能力培养的思考。希望本书会对您理解教学、理解数学、理解学生有一定的启发。同时，也非常欢迎您对本书提出真诚而宝贵的意见。

编审会

目 录
CONTENTS

第一章　初中数学教学

数学教育的出发点是促进学生全面、持续、和谐地发展。数学课程是培养公民素质的基础课程，具有基础性、普及性和发展性的特点。现代数学教育的理念是人人都能获得良好的数学教育，不同的人在数学上能得到不同的发展。有效的教学活动是学生学与教师教的统一。学生是学习的主体，教师是学习的组织者、引导者与合作者。数学教学活动必须建立在学生的认知发展水平和已有的知识经验基础之上。

第一节　初中数学学科特点

一、抽象性

（一）数学抽象概述

抽象是指由具体事物中抽取出相对独立的各个方面、属性及关系等的思维活动。数学是对现实世界的一种能动反映，是系统化了的常识，这种能动性主要表现为抽象与数学化、发明与创造、想象与反思。

在现实生活中，量的规定性并不是孤立存在的，而是与质的规定性相结合的。但是，数学的抽象在于抛开现实事物的各种质的属性，以此来得到单纯的量的关系，这个抽象的过程被称为现实材料数学化。例如，7天、7件衣服，在数学中都可以抽象成7；篮球、足球可以抽象成球体。数学是运用抽象分析法来研究事物关系结构的量化模式的科学，但是抽象并不是万能的，它并不能对自然界中的一切事物都进行精确的表达，所以数学的抽象性是具有局限性的。人们如果想要完成对客观世界的研究与探索，就要把抽象与直觉、猜想、审美等结合起来进行探究。事实上，人类的大脑是对事物存在形式的映像加以分解或概括的本能反应。因此，抽象思维与实际存在的各个环节是不可分离，但又独立存在的。当用数学来反映现实空间的形式和关系时，几乎是脱离具体内容的，是经过抽象思维的理性结果。

（二）数学抽象的表现形式

1. 数学抽象具有层次性

把感性的现实问题上升为数学问题，往往需要经历多个层次，这就是数学的再抽象问题。数学抽象概念是具有层次性的，抽象的层次越多，概括性越强，抽象难度就越大，应用的范围就会更加广泛。数学的发展过程，是在一次又一次的抽象中实现的。数学的逐级抽象，需要"经过概念间的嫁接与引进"。

2. 数学抽象具有模型化

数学抽象离不开模型化，数学并不是对现实世界事物本身的模型进行研究，而是研究这些模型中的一般模型。这些一般模型并没有任何事物的具体的特征，它存在于数量关系、空间关系和类似这些关系的关系之中。广义地说，数学概念、定理、公式、法则、方程式等，都可称之为数学模型。数学模型是为了一个特定的目的，根据它的规律做出必要的简化和假设，恰当地运用数学工具得到的一个数学结构。数学的模型化表现在两个方面：一是数学知识本身的结构模型；二是在现实生活中一些具体的问题，需要通过建立数学模型来解决，也就是通常所说的数学建模。

3. 数学抽象具有理想化

法国数学家彭加勒说："数学研究的不是物体，而是物体间的关系。因此，对于它来说，这些物体是不是换成别的什么了，是完全没有关系的，只要不改变它们之间的关系就可以了。"点是没有大小的，面是没有厚度的，线是没有宽度的，但是线段的长度又可以被认为是无数的点的集合；在数学中存在的点、线、面的关系，是在现实生活中找不到的，这就体现了数学抽象具有理想化。数学的研究必须理想化，否则，数学的发展研究会就受到非常大的阻碍，甚至无法进行。理想化可以帮助数学的抽象往更高层次发展。数学抽象的理想化依赖于现实世界的客观物体，但与其完全脱离。例如，对于一些球体，如果不把这些球体理想化，就无法知道这些球的体积。

（三）数学抽象的符号化、形式化

1. 数学抽象的符号化

数学符号是数学思维活动的载体，是交流数学思想的媒介。在数学中，初中生会看到大量的数学符号，并且要对这些符号进行学习，让对数学对象的研究转化为纯形式的分析，这是数学抽象化的外在表现，也是数学严谨性的客观要求。有了数学的形式化与符号化，才会使人们在进行数学学习时变得准确有序，才会使人们的数学思维更加清晰。事实上，当数学抽象达到较高层次时，符号的形式化描述才会具有非常好的效果，这个效果远远大于自然语言表达出来的内容。

数学符号是非常广泛的，方式也各不相同，可以表示数量、运算、对象、关系、规律、思维过程和特定的含义等。数学抽象的形式化与符号化，解释了数学对象的基本结构和内在联系，是推动数学得到发展的重要因素。例如，德国数学家希尔伯特通过形式化的工作消除了欧氏几何中的逻辑缺陷。

数学的世界是一个符号化的世界。对数学的了解与研究越深入，就会越频繁地看到符号，书写数学符号的时候也会越来越多，学习难度也会越来越大。数学的语言就是由这些符号组成的。对于初中生来说，学习数学语言比学习语文、英语等其他的语言要困难一些，如果看不懂数学书籍的话，就会像看"天书"一样让人心生畏惧。

数学符号是数学抽象物的表现形式，是数学存在的具体化身，是对现实世界数量关系的反映结果。数学符号按一定规则组织起来，就成了数学思维活动的物质载体。人们可以通过数学符号组成的语言交流数学思想，对数学世界进行有效的探索，并且可以把数学成果运用在现实中。数学思维具有特殊的层次性，这决定了数学中一定要有独特的符号语言。数学符号的差异，是为了表示在同一层次或者不同层次上不同的数学抽象物的差别，如初步的抽象、比较抽象、更高级的抽象、极度抽象。教师与初中生都需要注意的是，要表示多层次的一系列的抽象过程，就必须对每一语词在不同抽象层次上的含义都进行专门的下定义活动，并且对特定对象和特定性质进行明确的说明。由于日常语言文字符号与感性直观的经验世界的联系过于密切，学生根本无法理解直观和经验的数量关系。这就要求学生在数学中必须有自己的一套特殊的符号语言体系，来对数学对象、数学概念和抽象层次进行区分。这些符号要能把数学抽象物之间的关系准确体现出来。从形式上来看，数学符号完全摆脱了与日常语言文字符号在形象上的联系。这些符号如果应用在数学中的话，就不具备生活中的现实意义了。因此，数学符号必须完全摆脱直观经验和原型特殊性的束缚，克服日常生活中的语言文字的弱点，为数学思维提供便利的帮助。

数学符号的意义是需要对其进行释义的，在解释的过程中，就要把这些符号与它们在现实生活中的意义联系起来，以此来说明具体的数学数量关系。因此，同一个数学符号也可能会有多种意义的解释。乍看起来，数学符号的使用是完全任意的，一个数学抽象物可能会通过多种不同的数学符号来表示，但是这些符号的使用是存在一定规律的。美国数学家P.J.戴维斯和R.赫什把数学符号的形成和演变形象地称之为"适者生存"。每个数学工作者都可以根据自己的喜好使用这些数学符号，但是从数学交流的角度上来说，新数学符号的设计与使用要考虑人们的接受度与普及度，然后再考虑打字或印刷方面的问题，还有经济和技术方面的因素。例如，人们在进行方程学习的初始阶段时，就习惯用x来表示未知数。如果对未知数的符号表达产生变换或者是引入新的数学符号，就会干扰学生对方程式的理解。因此，数学符号并不会随时增加和变换。经过世事的变迁与发展，现在遗留下来的数学符号的数量并不太多，这为人们进行数学学习增添了一些障碍，但是初中生的学习层次还比较浅，现存的数学符号是够用的。

数学符号的使用还有它本身的内部原因。有些时候，同一抽象物的不同数学符号会同时出现，它们之间存在着竞争关系。在这种情况下，人们往往会选择最能够反映数学抽象物本质特点的符号。美国数学史家D.J.斯特洛伊克曾经指出："一种合适的符号要比一种不良的符号更能反映真理，而合适的符号，它就带着自己的生命出现，并且它又能创造出新生命来。"许多数学家都认为，从符号中得到的东西比输入的更多，符号就像是具备一种神奇的能力，能够在其内部传播变革和创造性发展的种子。如果人们在进行数学学习的过程中，能够选择合适的数学符号，这对于他们取得有效的数学成果有很大的帮助。

数学符号演化的自身规律表明，数学的符号化必须要适应数学理论体系发展的要求，适当的符号化是推动数学发展的一个重要因素。因此，在数学发展到一定阶段时，或者是在数学教学达到一定的教学成果后，教师就需要对数学符号化的研究与教学进行侧重。古希腊的数学在几何方面取得了很大的成就，但是在代数方面却没有很大的成就，主要原因就是缺乏适当的符号体系。代数数学能够成为一门独立的学科并发展到现在，首先要感谢的功臣就是法国数学家唯叶特，他是第一个把字母带入现代符号体系中的人。正是因为他用字母来表示未知量和一般的系数，突出了数学符号对不同层次的抽象物的本质特征，使代数成为一门研究一般类型的形式和方程的学问，从而分清了单纯研究数和算数的界限。法国数学家伽罗华曾经说过："新颖的问题需要使用新名称、新符号。"这种数学内容在开头的时候将使读者产生反感，他们很难接受这种生疏的语言，即使作者是他们所景仰的人。但是归根到底，教师只能适应题目的要求，因为题目的重要性值得重视。意大利数学家皮亚诺在数学表述的符号化方面有很多创造，虽然他用的符号遭到了学生的抵制，以至于最后被迫辞职，但是他为算数公理化和数理逻辑的发展打下了重要的基础。

数学符号化在现代社会得到了十分快速的发展。在某些领域，几乎所有的数学表述用语，包括逻辑连接词、公理、定理、法则、公式、概念及定义都用符号进行了表述。代数学从19世纪开始，就被认为是不加解释的符号和它们的组合法则的科学。英国数学家和逻辑学家怀特海曾说："显然我们可以用我们愿意用的任何符号，并按我们选定的任何法则去处理它们。""只有那些能够被赋予某种意义的或具有某种应用的解释才是重要的。"

数学符号化是形式化的基础。数学理论的表述具有形式化的特征，这种特征是通过数学符号体系来体现的。

2. 数学抽象的形式化

按照一般规律，形式化就是用一整套表意的数学符号体系，去表达数学对象的结构和规律，从而把对具体数学对象的研究转变为对符号的研究。数学的形式化不等于符号化，符号化着眼于各种数学抽象物本身及其关系的形式上的表述，而形式化则着眼于各种数学抽象物之间的本质联系。形式化的目的是把纯粹的数量关系从现实世界的纷繁复杂的事物联系中抽取出来，简单明了地对其进行表示，揭示各个事物之间的数学本质及规律。

一提到形式化，人们首先想到的是形式与内容的关系。很多著名的数学家都认为数学的形式符号与它的内容是没有关系的，数学只对其形式而不对其内容进行考虑。数学家亚历山大洛夫曾经说过："数学就是关于与内容相脱离的形式和关系的科学。"一般来说，现实世界的任何形式和关系都可以成为数学的对象，只要它们在客观上与内容无关，能够完全舍弃内容，并且能够用清晰、准确、保持着丰富联系的概念来反映，使之为理论的纯逻辑发展提供基础。现代数学中的形式主义学派特别强调了数学的形式符号体系毫无实际内容、毫无意义可言。形式化和形式主义派别的批判，往往着眼于"形式与内容相脱离"这个问题上。实际上，把形式化与"形式与内容的关系"简单联系起来，是十分不恰当的做法，这会对数学抽象形式化的本质产生严重的误解。

数学符号是数学抽象物的表现形式，它具有自己的思想内容。因此数学符号的形式与内容是不可能独立存在的，形式化也不是一个形式与内容脱离的过程。通常情况下，人们所说的数学形式符号的内容，往往是指数学抽象物的某种实例或是直观的解释。这些实例和直观解释在人们的抽象思维的过程中，是可以与抽象物的本身进行分离的。但是，数学抽象物要用形式符号进行表示，所以这些实例和直观解释也就被当作了形式符号的内容。也就是说，如果这些实例与直观解释是形式符号的内容的话，那么数学抽象的符号与形式并没有在同一个层次上。

在看待形式化与其内容的关系上，一些形式主义学派的学者看得更为清晰。希尔伯特曾经多次强调数学形式符号与其思想内容的联系，认为数学公式是"发展至今的通常数学思想的复制联系品"。他还进行反驳说："这种公式游戏是根据某些确定的，能够反映我们的思维技术的法则进行的。这些法则形成了一个能够被发现并加以确切陈述的封闭系统。我的证明论的基本思想，就是要刻画我们的悟性活动，制定出我们的思维过程所实际遵循的基本法则。"法国布尔巴基学派力图向人们澄清形式化和形式主义的区别，并指出："重要的是从一开始就要注意防止应用这些定义不确切的词所引起的混乱，以及注意公理方法的反对者也经常使用这些词而引起的误解。"数学，在人们的印象中，就是一大堆形式符号和推理程序、公式组合等，这些其实就是数学的外部语言，是数学家为数学赋予的外部形式。数学不是一串随便发展起来的三段论，也不是一堆投机取巧的技巧，公理方法的目的是引导人们寻求这些细节下深刻的共同思想。美国数学家道格拉斯·霍夫斯塔特对形式化的理解是十分独特的，他认为："一般来讲，形式符号容易给人一种错觉，好像它是人类意志的自由训造，可以和现实的世界毫不相关，然而同样的事实是，那些和我们关系密切的形式符号，如词汇、数字、逻辑符号，都是人类文化进化过程的产物。它们与现实世界有着密切的联系，而联系的桥梁就是同它们与现实世界有着密切的联系。"

霍夫斯塔特对于形式符号与现实世界的关系进行了研究表述，他的研究更接近于对数学形式化的本质意义的理解，他具有代表性的观点是"同构"。

数学抽象的形式化，就是对形式语言和自然语言的差别进行关注。形式化是用形式符号体系表现的，但是并不代表所有的数学理论都实现了形式化。形式化的一个重要特征就在于一个"化"字，形式化要使用彻底的形式语言，把数学思维过程中能够表达出来的东西，如逻辑连接词，推理法则，初始符号，变形的规则、公理、定理，完全实现符号化，在每一个步骤都需要严谨缜密地对待，不要对这些步骤进行省略，也不要有任何的混淆和遗漏。

形式化所使用的形式语言，就是形式集合论的语言。形式语言是在19世纪引入数学领域的，当时，在数学中引入数学语言的主要目的是消除自然语言中的含混和不确定性，这可以让数学证明变得愈加严格。在罗素和怀特海的著作《数学原理》中，他们对于"1"的定义，是经过很周密的逻辑证明的准备后才提出的。对此，彭加勒挖苦说："（这是）一个可敬可佩的定义，它献给那些从来不知道1的人。"对于大多数的人来说，在对数学进行学习时，自然语言才是最常用的语言，数学语言的使用率是非常低的，范围非常窄，但是从长远的角度来看，这两种语言会不断地出现新的格局。形式化可以使数学理论体系的整理工作变得更加简单、系统和严格，为数学各方面的和谐发展提供了基础。形式化是通过数学理论体系的逻辑思维表现的，它是数学发展和创造的重要的探索工具。美国数学家G.波利亚在《数学与猜想》中列举了很多通过类比才发现的实例，他提出："两个系统可作类比，如果它们各自的部分之间，在其可以清楚定义的一些关系上一致的话。"

形式化发展中最重要的制约因素，是作为同形式化相对立的另一极的数学经验和数学直觉，这两个方案必须保持平衡，才能推动数学的健康发展。冯·诺依曼指出："在距离经验本源很远的地方，或者在多次'抽象的'近亲繁殖之后，一门数学学科就有退化的危险。起初，风格通常是古典的，一旦它显示巴洛克式的迹象（指过分讲究雕琢和奇特的艺术风格、建筑形式等），危险信号就发出来了，每当到了这种地步时，在我看来，唯一的药方就是为重获青春而返本求源，重新注入多少直接来自经验的思想。我相信，这是使题材保持清新与活力的必要条件。"利用形式化学习数学时，一定要注意形式化的使用方法，这是在数学与形式化关系中最值得注意的环节。

（四）数学抽象的定量分析

我国数学家徐利治教授及其合作者对数学抽象问题做了深入的研究，给出了关于数学抽象的定量分析。这对数学研究和数学教育都具有非常重要的指导借鉴作用。关于抽象的基本概念有以下四个。

1. 弱抽象

弱抽象又称"概念扩张式抽象"，是指从原型中选取某一特征加以抽象，从而获得比原型更广的结构，让原型成为后者的特例。教师在应用弱抽象时，可以先对一个结构内容比较丰富的原型进行分析，把其中某个特性分离出来，用形式化的数学语言加以表述；然后再通过概括原则为它规定一个普遍范畴，或者把所有具备该形式化特性的对象考虑成一个系统。例如，把等腰直角三角形中的等腰分离出来，然后可以得到一个一般直角三角形，反之亦然。

弱抽象的关键之处就在于从数学对象的众多属性或特征中辨认出本质属性或特征，从貌似不同的同类数学对象中找到共同的东西，这种抽象的法则被称为"特征分离概括化法则"。使用这个法则，需要学生具有很灵活的思维技巧，学生可以对问题的思考角度进行灵活的变换。

2. 强抽象

强抽象又称"强化结构式抽象"，是指在原结构中增添一个特性，通过抽象获得比原结构内容更为丰富的结构，使后者成为前者的特例。教师在应用强抽象时，可以在一个系统的对象之间引入某种新的关系（映射、对应、运算），从而在形成的新的关系结构中，把可能出现的某种性质作为特征规定下来，最后通过概括原则把它规定为某种普遍属性。例如，在一般平行四边形中增添一个直角的概念，就可以让这个平行四边形抽象为矩形。如果再加一个邻边相等的条件，就会得到一个正方形。通过这样的抽象获得的数学对象，在概念外延上要变得相对窄一些，但是它的内涵会更加丰富和具体。需要注意的是，这里所说的具体并不是指感性认知所理解的具体，而是指在抽象思维中对某个事物的理性认识更加具体，是对感性的具体中本质属性的综合。需要明确的是，强抽象并不是抽象思维的倒退，不是由抽象思维退回到感性的具体，而是抽象思维的进步，是上升到了一个更高的阶段。

强抽象的一个关键之处就在于学生能够把表面上看起来彼此不相关的数学概念

联系起来，引进某种新的关系结构，并且可以把新出现的性质作为特征规定下来。这种抽象思维的法则可被称为"关系定性特征化法则"。初中数学教师要想很好地运用这个法则进行数学教学，就需要具有渊博的知识背景和比较强大的思维跨度，需要深刻理解数学作为一个整体的内在统一性。希尔伯特指出："数学科学是一个不可分割的有机整体，它的生命力正是在于各个部分之间的联系。""数学理论越是向前发展，它的结构就变得越加调和一致，并且这门科学一向相互隔绝的分支之间也会显露出原先意想不到的关系。因此，随着数学的发展，它的有机特性不会丧失，只会更清楚地显现出来。"正是由于这样的指导思想，希尔伯特贡献了大量强抽象的产物，如希尔伯特空间理论、范数剩余理论、多项式理想理论。现代数学的发展越来越抽象化，数学内容也越来越丰富、生动，这在很大程度上取决于强抽象的力量。这种类型的抽象不断把弱抽象的成果联结、统一起来，使数学的有机整体得以发展壮大。

强抽象存在一种特殊的情况，就是在两个具有对偶关系的数学知识之间利用已知的数学知识的抽象思维方法，来思考另外一个数学知识的相关问题。这种情况下的抽象思维法则就是"结构关联对偶化法则"，它是"关系定性特征化法则"在特定场合中的具体应用。例如，在平面几何中，人们可以根据点、线、面之间的关系形成几何命题或几何定理。当把点换成线，把线换成面时，如果这种关系依然成立，那么这就叫作对偶关系。对偶关系的引入在很大程度上有助于人们更好地学习数学知识。

3. 广义抽象

如果定义概念B时需要用到概念A，或者证明定理B时用到定理A，就可以说B比A抽象，如棱形比平行四边形抽象、空间几何比平面几何抽象。

4. 相对抽象性

假设A与B是抽象物集合M中的任意一对相关联的元素，如果在M中有一条完全的链接$A < P_1 < P_2 < P_3 \ldots\ldots P_{R-1} < B$，那么链的长度被定义为"B关于A的抽象度"，A叫作链的起点，B叫作链的终点。

抽象一词的原意与弱抽象接近，所以很多人对数学抽象思维有着一定程度的误解，以为数学抽象会让数学知识变得越来越空洞、越来越贫乏，与现实生活的距离也越来越远。产生这样的想法会让学生和教师对于为什么要在初中数学课堂上培养学生的数学抽象思维能力产生疑惑。这是因为他们对抽象的了解比较片面。如果他们可以更加深入和透彻地了解弱抽象、强抽象、广义抽象和相对抽象这四种数学抽象，就不会产生这种疑惑了。

二、严谨性

数学的严谨性是指数学具有较强的逻辑性和精准性，这是数学的基本特点。数学的严谨性要求人们所叙述的数学结论必须精确，结论的论证必须严格、周密。数学学科并不是要求初中生直观地描述数学知识，而是面对任何一个数学问题时，学生们都需要使用相应的公理来进行证明。在选择公理的时候，初中生还要做到"独立""相容""完备"。初中数学中有很多求证问题，这些问题要求初中生所做出的每一步推理与论证都要有明确的论证与根据，每一步都需要符合逻辑理论的具体要求。同样地，初中数学教师在安排数学教学内容的时候，也要根据数学学科的内在逻辑顺序和学生的认知规律等进行安排与设计。

初中生在计算过程中，一个数字或是一个小数点的错误都会导致整个计算过程的错误。这在教学实践中体现了数学的严谨性。另外，数学学科是初中生学习物理、化学等理科知识的基本前提。一般来说，数学能力偏高的初中生，在学习物理与化学学科的时候会"如鱼得水"。但是，教师很难在初中数学教学中要求学生一下子达到数学学科本身所要求的严谨性。初中生是从小学升上来的，很多学生在小学阶段并没有接受良好的严谨性教育，或者说接受教育的严谨性程度不够深，他们的数学基础比较薄弱，需要对初中数学的难度及严谨程度有一个过渡期。初中生，尤其是初一的学生，在最初时期并不能适应初中数学中的"互为相反数""任意非零整数""唯一""仅当"等说法，只能通过死记硬背一些数学定义、法则等来解题，但是他们往往忽视了这些法则的应用范围与条件。因此，教师一定要逐步提升初中生的严谨程度，使其具备数学思维。困扰初中生学好数学的另外一个难题就是，他们不知道如何在数学题目中进行严格的推证，他们喜欢使用不完全归纳法从个别的实例中归纳出一般的结论，这使学生认识不到论证的必要性。由于学生对一些数学结论的应用范围与条件的认识不够清晰，所以常常"张冠李戴"，在一些不恰当的场合应用数学结论。例如，很多初中生在理解"点"的时候，将其理解为"很小很小，大小可以忽略不计的球"，把"相似"理解成"形状相似的图形"，把"函数"理解为"随着别的数变化而发生改变的数"，把"极限"理解为"近似"。这是小学生的数学思维。产生这些现象的原因是有迹可循的，教师应充分尊重初中生的思维特点，理解他们因为受年龄限制所以逻辑思维、严密思维等方面发育不完全的现实情况，教师还应承认这是因为自己在日常教学中忽视了对学生严密性思维进行训练的结果。实际上，传统的教学方法和数学教材都是让学生通过死记硬背与机械模仿来学习的，这就自然而然地让初中生养成了不求甚解、不问根由的坏习惯。近年来，为了培养初中生的思维严密性，国内外的学者与专家进行了大量的研究。他们认为，初中生能够逐步适应严密性的训练，并且能够在接受训练后灵活使用一些数学术语，也能够很好地接受一些比较严格的推理与证明要求，更可以独立完成一些代数与几何的证明与讨论。

三、广泛应用性

数学具有广泛的应用性，这是数学的基本特征之一。可以从两个方面讨论数学的广泛应用性：一方面，从数学自身的发展（数学的核心部分——纯粹数学的发展）来探讨数学如何为其他学科准备描述其规律的强有力工具，从而使纯数学在应用领域有着极为重要和广泛的应用；另一方面，许多科学领域的发展也需要应用数学，不断地给数学提出新的研究问题并给出新的数学研究思想，促使新的数学理论系统和新的数学分支的产生。以往的教学和学习往往过于注重定理、概念的抽象意义，抛却了其广泛应用性。如果把抽象的概念、定理比作骨骼，那么数学的广泛应用就好比血肉，缺少哪一部分都将影响数学的完整性。数学的广泛应用性主要体现在以下几个方面。

（一）数学的许多高深理论与方法已深入地渗透至自然科学的各个领域

美国自然科学基金会指出："当代自然科学的研究正在日益呈现出数学化的趋势。"自古代起，数学就跟很多实际问题和需要联系在一起。在后来的发展过程中，数学在力学、天文学、物理学上的应用，可以说是广为人知的。随着科学技术及社会各方面的进一步发展，各学科的研究越来越深入，使用的数学工具越精深，最后获得的结果就会越好。

（二）电子计算机的发明和使用，都是以数学为基础的

在电子计算机的发明史上，数学家图灵和冯·诺依曼都为现代计算机的研制做出了不可磨灭的贡献。而在当今计算机的应用中，也都包含着数学。因而，美国国家研究委员会在一份报告中把数学与能源、材料等并列为必须优先发展的基础研究领域。

（三）信息技术已被广泛应用于生活中的各方面

高科技在本质上是一种数学技术。事实上，从医学上的CT扫描技术到印刷排版的自动化，从飞行器的模拟设计到指纹的识别，从石油地震勘探的数据处理到信息安全技术等，在形形色色的技术背后，数学都扮演着十分重要的角色，常常成为解决问题的关键，如"数论"与"密钥"，"椭圆曲线"与指纹识别。获得 "数学界的诺贝尔奖"菲尔兹奖的美籍华人数学家丘成桐曾说："数学定理与人民生活息息相关。"

（四）数学已经广泛深入到社会科学的各个领域

用数学模型研究宏观经济与微观经济，用数学手段进行社会调查与预测，用数学理论进行风险分析和金融投资……数学在许多国家已被广泛采用，它在经济与金融的理论研究上的地位更加特殊。在诺贝尔经济学奖的获奖名单中，数学家或有研究数学经历的经济学家占了一半以上。例如，1954年，美国经济学家阿罗及美国数学家、经济学家德布鲁第一次用凸集理论、不动点定理等给出一般经济均衡的严格表述和存在性证明，他俩先后在1972年和1983年获诺贝尔经济学奖。在生物学领域亦如此，如用微分方程建立生物模型在20世纪50年代曾获得轰动性成果：描述神经脉冲传导过程的数学模型——霍奇金-哈斯利方程（1952年）；描述视觉系统侧抑制作用的模型——哈特兰-拉特里夫方程（1958年），它们是复杂的非线性方程组，分别获得了1963年和1967年度的诺贝尔生理学或医学奖。

第二节　课程内容的编排与组织

一、课程内容设置背景

新课程标准的实施，无疑是基础教育的一场革命。新课程标准下的数学教学过程是教师组织和引导学生主动掌握数学知识、发展数学能力、形成良好的个性心理品质的过程，而教师的"教"和学生的"学"的双边活动要以教材为中介，是教材把他们紧密地联系在一起，因而教材的编写在一定程度上决定着教师的"教"和学生的"学"。青岛初中学校所用的北师大版《义务教育课程标准实验教科书》是新课程标准的实验教材，教材注重从学生的生活经验出发，密切关注数学与生活的联系，强调学生的主体地位，要求创设宽松、和谐的课堂学习环境，促进教师和学生的平等对话，倡导多样化的学习方式，注意培养学生的创新意识和实践能力，关注学生的情感体验。相比以前的数学教材，新教材对新课程理念的体现比较充分，并在以下方面得到了强化。

（一）教材内容更具生活气息

《数学课程标准》强调，数学教学要与生活实际相联系，让学生体会到生活中处处有数学，体验学习数学的乐趣，积极主动地学习有价值的数学。新教材中，每节都有一个来自实际生活的节前语，并配有一幅形象生动的彩色图片，使教材内容更具生活气息，真正体现了数学"源于生活，用于生活"的理念。

（二）教材内容更加凸显学生的主体作用

在内容的呈现方式上，尽量采用"问题情境—数学活动（包括观察、实验、猜想、尝试、推理、交流、反思等）—概括（包括建立模型）—巩固、应用和拓展"的形式，其间富含探究性，为学生的主动学习提供了可能。

（三）内容呈现层次更加合理

新教材在内容的呈现方面做了很大的调整，尽早让学生同时接受合情推理与演绎推理的训练，用"两条腿走路"的方式来学习几何，进而化解难度、提高兴趣；

较早地渗透了"∵""∴"的使用，使解题过程简洁清楚。

（四）教材内容更为直观简洁

使用传统的数学教材时，即使学习成绩很好的学生有时也会产生这样的疑问："我们为什么要学习这么深奥的数学知识呢，它们有用吗？"而新课程理念下的教材，则会列举很多实际的例子，学生在看教材或自己学习时已潜移默化地感知到数学在生活中发挥着重要的作用，数学无处不在。然而，随着教育改革的不断深入，数学教育的理论指导和数学教学的实践活动之间的矛盾日渐突出，表现在数学兴趣，数学活动，数学的基础性普及性等方面。《义务教育课程标准实验教科书》经过几年来的教学实践，显现出一些不足之处，比如：内容编排忽略学生实际，有些内容偏难；有些知识点跳跃性过大，基础练习欠缺；不同学科联系不够紧密，存在一定的脱节；有些内容组织缺乏实际背景，有些情境距离学生的实际生活较远，等等。

因此，如何利用新教材的优势，扬长避短，并根据新课程的理念，对教学内容进行重新组织、整合和重构，以达到更好的教学效果，是当前数学教学所面临的重要课题。

二、教材编写原则

（一）联系实际，学习内容生活化

由于科学技术的不断发展，再好的教材经过一段时间后其内容也会滞后，所以在组织教学内容的时候，要把握"数学源于生活，生活中处处有数学"的原则。

（二）重视操作，学习方式活动化

学生对学习有了浓厚的兴趣，才能有学习的乐趣，才能有丰富的想象、积极的探索和创造性地运用数学的动力。教学实践证明，让学生进行实践操作有利于激发他们的学习兴趣。因此，教学内容的组织要有利于活动的开展。

（三）培养能力，学习过程探究化

创新教育的价值观认为，教学的根本目的不是教会解答、掌握结论，而是在探究和解决问题的过程中发展思维、培养能力。因此，教学内容的组织要适合于学生探究。

（四）关注发展，评价主体多元化

新的课程标准要求我们对学生的能力、情感、态度、价值观，以及创新意识和实践能力进行评价。因此，教学内容的组织要遵循教学内容多元化的原则，以有利于多元化的评价。

（五）关注学生，教学内容分层化

新课程标准要求不同的学生在不同的方面都能得到不同的发展，学生作为个体，存在着区别。因此，在组织教学内容时要遵循教学内容分层化的原则。

三、合理使用教材，促进学生全面发展

（一）深入研读教材，把握知识结构

教师要准确地把握教材的知识结构及知识的呈现方式。在新教材部分章节中有些知识内容在新授课中出现，有些知识在练习中出现。如果教师不明白为何这样安排，对新教材体系的特点把握不准，就会借助自己原有的教学经验改造现有教材，或按自己的理解处理教材内容，从而无法引导学生发现规律、形成迁移、学会学习，结果只能是教师把知识结论塞给学生，学生重复地进行训练。所有这些做法费时费力，收效甚微。

（二）适度使用教师用书，创新教学内容

部分教师过分依赖教师用书，教师用书没有提到过的绝不触及，缺乏专业自主性和创造性，从而使教学缺乏广度。在教学中要适度使用教师用书，在理解吃透教师用书的基础上对教学内容进行适度的拓展，创新教学内容。

例如，可对《有理数的运算》的教学进行以下补充。

（1）在学习了"有理数加法"后，对前两个学段学过的两个结论"若两个数的和为0，则这两个数都是0"和"任何两数相加，和大于任何一个加数"，当数扩充

到有理数后，结论是否还成立？通过这个探究活动可以加深学生对有理数加法的认识和理解。

（2）在学习了"有理数乘法"后，设计若干个数相乘其积是负数与乘数中负数个数关系的探究问题，以此加深学生对有理数乘法符号法则的进一步理解。

（3）在学习了"有理数乘方"后，设计计算一张纸对折若干次后的厚度的探究问题，让学生体验数学探究的方法及感受乘方运算中数的快速增大。

（4）在学习了"计算器使用"后，设计计算器操作流程规律的探究问题，让学生在探究中体验程序思想及现代信息技术的运用，同时体验数学的神奇，激发他们的求知欲和学习数学的兴趣。

（三）全面了解学情，反复加工教材

学生是数学学习的主人，教师是数学学习的组织者、引导者与合作者，因此教师必须了解学生已有的知识水平和已有的知识经验，对数学教材进行加工；选择具有现实意义的、富有挑战性的学习内容，为学生提供充分从事数学活动的机会，帮助他们在自主探索和合作交流过程中理解和掌握数学基础知识和技能、数学思想和方法，获得广泛的数学活动经验。教学不只是课程的传递和执行，更是课程的创造与开发。教师在搜集加工课程资源时，如果能使学生依据教材展开联想与想象，就可以很好地激发学生的创造潜能，促进教材的再生。例如，在教学有理数的乘法法则时，可以设计这样一道题目：由于寒潮来袭，每天气温下降2度，已经预报明天的气温为零下2度，你能预知后天的气温是几度吗？3天后呢？4天后呢？如果气温继续下降，天数继续增加呢？

有些学生想到用减法，有些学生想到用加法，有些学生想到用乘法。用到乘法的学生想："加数越来越多，书写与运算也就越来越麻烦。小学时学过'相同加数相加有简便运算'，将那个相同加数作被乘数，相加的个数作乘数，就能乘出答案。"从学生的思考过程可以看出，他们是带着自己原有的经验和知识来到课堂进行交流的，因此，对同一问题的认识与教师有所不同。在交流中，学生的不同认识是教案和教材中没有的，这些不同的认识就是课程在教师和学生、教材和环境之间的相互作用中产生的。教师与学生带着自己的经验和知识来到课堂，通过交流实现课程的开发和创造。

（四）遵循认知规律，合理调整内容

总体上来说，实验教材的教学内容呈现方式有利于引起学生的兴趣和思考；教材为教师的创造性教学提供了平台，教材中许多知识的呈现都能激发教师的创造性。有了这样的外在条件，教师就应该放开手脚，为学生的创造性学习提供空间。而要做到这一点，教师必须遵循学生的认知规律，合理安排授课内容。也就是说，处理教材要依据学生来"变"。备课应考虑学生的认知水平和兴趣爱好，根据教学目标对教材进行取舍，努力挖掘教材中的能力训练素材和具有思维价值的材料，再通过各种方式加以合理组合，使学生对学习内容有兴趣。教材中储存的信息既有学生已知的，也有学生未知的，所以有些内容可一带而过，而那些容易引发学生思考和利于能力培养的部分，哪怕是由学生一时的灵感火花引发的，也应作为教学重点，引导学生深入挖掘，直到学生满足为止。例如，在教学活动中，我们可以针对教学内容和学生的认知特点及知识基础，适当地对教材进行合理的整合。有时候反其道而行之，利用后面的知识引导学生猜想、发现、归纳所要学的知识，达到满意的效果。

四、科学改编教材，培养数学兴趣

初中生的思维正处于由形象思维向抽象思维的过渡时期，学生对活动非常感兴趣。依据"做中学"的理论，教师要把教材上抽象的、静态的前人积累下来的数学知识经验，设计成有趣的、形象的、丰富多彩的活动形式，学生在活动的情景中发现、探索，体验挫折与成功；要让学生亲历知识的产生、发展过程，关注他们的经验积累，将他们熟悉的生活常识引入课堂。初中学生已经有了一定的生活阅历，积累了相当的生活经验，但是，他们极少或不可能经常用数学的思想去分析生活中的现象，如果教师注意收集这方面的信息，将其恰当地引进课堂，将会极大地提高学生学习数学的兴趣，增强他们解决实际问题的能力。

（一）拓展活动内容广度，推进认知结构主动构建

课堂教学中，教师要善于拓展教学内容的广度，扩大参与面，通过抽象的知识与富有创意的数学活动来激活学生思维，尽可能让学生主动构建认知结构。

（二）挖掘知识的实用性，从小培养教学应用意识

学习的最终目标是应用，教师要对教材的内容进行深加工，挖掘出数学知识的实用价值，从小培养学生的数学应用意识。

（三）全面引入数学开放题，实施数学个性化教学

一个数学问题，如果它的答案不唯一或有多种解题方法，那么，这个问题就属于开放题。在课堂教学中全面引入开放题，不仅兼顾了"后进生"和"优秀生"，而且在教学中培养了他们的个性，发展了各自的数学解题策略和发散思维。

（四）把身边数学引进课堂，实现大众化数学教学

随着素质教育的全面实施，我们倡导将"身边数学"引入课堂，实现大众化数学教学，发展学生的数学能力，引导他们实现知识和能力的完美结合。

五、有机整合教材，发展多种智力

（一）发掘文学艺术资源，创设数学课堂意境

著名美籍华人数学家丘成桐教授曾在中国艺术研究院做了题为"中国文学与数学"的学术演讲。他提出的"他山之石可攻玉，文学数学巧结合，数学与文学、艺术有机碰撞"的学术观点，他的演讲使大家领悟到：虽然数学和文学、艺术等的研究对象不同，但这种对研究对象的浓情却是相通的。

（二）渗透不同学科知识，追求知识的立体化

不同学科内容的互相渗透，是学科之间的开放，追求的是知识综合化，达到的是各科之和谐；同一学科知识的互相沟通，是学科内部开放，追求的是知识立体化，达到的是内容之优化；课内知识在现实生活中的应用，是教学向课外开放，追求的是教学生活化，达到的是效率之提高。这正是当今基础教育课程改革所提倡的课程资源之活用，其实践意义具有普遍性。数学作为一门工具学科，和自然科学有着千丝万缕的联系，因此，在数学教学中渗透科学的内容是一个极富探索价值的课题。

例如，学生学轴对称图形时教师可以这样问：同学们你们检查过视力吗？检查

视力时，医生经常让被查人通过对面的镜子，观察自己上方一张视力表，你知道这是什么道理吗？学生答：我们在科学中学到，实际上人从镜中看到的是视力表的虚像。

在课堂将医院检查视力这一生活问题作为学生学习的背景，使学生接触的不仅仅是数学学科的内容，而且把科学学科的内容与数学学科的内容进行整合，使物理学上平面镜成像的内容成为数学学习的知识背景，体现了学科的综合意识，其中，又以"你知道这个道理吗"来引发学生探究这一问题，让学生运用生活经验和物理知识来猜测并验证两点确定一条直线的知识，使平面镜成像这一科学知识有机地融入两点确定一条直线这一数学定理中，从而实现了教师、学生、教材、环境的相互作用，巧妙地把课程的结构与课程的内容整合起来，有效地激活了各学科之间的紧密联系。

（三）发挥信息技术优势，重新认识数学系统

随着现代信息技术的飞速发展，现代信息技术对数学教学的最优化提供了新的物质基础。一方面，它已为数学教学提供了一种现代化的教学平台，并显示出极大的优势；另一方面，现代信息技术使已有的数学教学模式面临着前所未有的严峻挑战，对数学教学系统中各要素之间的关系必须进行重新认识并向合理的方向转换，才能发挥现代信息技术的潜在优势。因此，充分利用现代信息技术组织教学内容是摆在我们面前的一个重要课题。

例如，我们可以把信息技术作为一种教学工具帮助学生学习数学。在这种整合模式下，教师和学生在信息技术的帮助下分别进行教和学。首先，教师根据教学目标对教材进行分析和处理，决定用什么形式来呈现什么教学内容，并以课件或网页的形式将教学内容呈现给学生。学生接受了学习任务以后，在教师的指导下，利用教师提供的资料（或自己查找信息）进行个别化、合作式相结合的自主学习，并利用信息技术完成任务。最后，师生一起进行学习评价、反馈。在整个教学过程中，学生的主体性和个性化得到较大的体现。这样的教学氛围十分有利于学生创新精神和问题解决能力的培养。同样，教师通过整合的任务，发挥了自己的主导作用，以各种形式、多种手段帮助学生学习，进一步调动了学生的学习积极性。

例如，研究一次函数$y=kx+b$的图像性质。

传统教学流程：教师给出问题→学生画图（参数k，b取不同值）→交流讨论→归纳总结→巩固反馈。在整个教学过程中，学生对函数图像性质的理解是抽象的、粗线条的。整合后，在这个活动中，学生可以亲自动手进行操作，利用"几何画板"探索参数改变对于图像的影响，以及图像变化所引起的参数的变化；教师也可以利用教学软件演示图像变化对解析式的影响及相反的过程。这种直观、动态的效果对概念形成不仅省时、易懂，而且具有很好的促进作用。教材是实现课程目标，实施教学的重要资源。而新教材的建设是一件长期的系统工程。新教材怎样才能落实新理念？如何才能有效地完成课程标准规定的教学内容？在教学中又应该如何引导学生？这些，都没有现成的路可走，需要我们在实践中不断探索、不断总结。

总之，在使用新教材的过程中，对教材中好的东西我们要执行，同时也应及时地发现新教材的问题，指出其中的不足，组织更切合学生实际发展的内容，为数学新教材的进一步完善出谋献策，为我国新一轮数学课程改革添砖加瓦。

第三节　初中数学教学方法

一、灵活运用数学思想方法

（一）结合初中数学大纲，就初中数学教材进行数学思想方法的教学研究

要通过对教材完整的分析和研究，理清和把握教材的体系和脉络，统揽教材全局，高屋建瓴。然后，建立各类概念、知识点或知识单元之间的界面关系，归纳和揭示其特殊性质和内在的一般规律。例如，在"因式分解"这一章中，我们接触到许多数学方法——提公因式法、运用公式法、分组分解法、十字相乘法等。这是学习这一章知识的重点，只要我们学会了这些方法，按知识—方法—思想的顺序提炼数学思想方法，就能运用它们去解决成千上万分解多项式因式的问题。又如：结合初中代数的消元、降次、配方、换元方法，以及分类、变换、归纳、抽象和数形结合等方法性思想，进一步确定数学知识与其思想方法之间的结合点，建立一整套丰

富的教学范例或模型，最终形成一个活动的知识与思想互联网络。

（二）以数学知识为载体，将数学思想方法有机地渗透入教学计划和教案内容之中

教学计划的制订应体现数学思想方法教学的综合考虑，要明确每一阶段的载体内容、教学目标、展开步骤、教学程序和操作要点。数学教案则要就每一节课的概念、命题、公式、法则以至单元结构等教学过程进行渗透思想方法的具体设计。要求通过目标设计、创设情境、程序演化、归纳总结等关键环节，在知识的发生和运用过程中贯彻数学思想方法，形成数学知识、方法和思想的一体化。

应充分利用数学的现实原型作为反映数学思想方法的基础。数学思想方法是对数学问题解决或构建所做的整体性考虑，它来源于现实原型又高于现实原型，往往借助现实原型使数学思想方法得以生动地表现，有利于对其深入理解和把握。例如：分类讨论的思想方法始终贯穿于整个数学教学中。在教学中要引导学生对所讨论的对象进行合理分类（分类时要做到不重复、不遗漏、标准统一、分层不越级），然后逐类讨论（即对各类问题详细讨论、逐步解决），最后归纳总结。教师要帮助学生掌握好分类的方法原则，形成分类思想。

数学思想方法的渗透应根据教学计划有步骤地进行。一般在知识的概念形成阶段导入概念型数学思想，如方程思想、相似思想、已知与未知互相转化的思想、特殊与一般互相转化的思想等等。在知识的结论、公式、法则等规律的推导阶段，要强调和灌输思维方法，如解方程的如何消元降次、函数的数与形的转化、判定两个三角形相似有哪些常用思路等。在知识的总结阶段或新旧知识结合部分，要选配结构型的数学思想，如函数与方程思想体现了函数、方程、不等式间的相互转化，分数讨论思想体现了局部与整体的相互转化。在所有数学建构及问题的处理方面，注意体现其根本思想，如运用同解原理解一元一次方程，应注意为简便而采取的移项法则。

（三）重视课堂教学实践，在知识的引进、消化和应用过程中促使学生领悟和提炼数学思想方法

数学知识发生的过程也是其思想方法产生的过程。在此过程中，要向学生提供

丰富的、典型的以及正确的直观背景材料，创设使认知主体与客体之间激发作用的环境和条件，通过对知识发生过程的展示，使学生的思维和经验全部投入到接受问题、分析问题和感悟思想方法的挑战之中，从而主动构建科学的认知结构，将数学思想方法与数学知识融汇成一体，最终形成独立探索分析、解决问题的能力。概念既是思维的基础，又是思维的结果。恰当地展示其形成的过程，拉长被压缩了的"知识链"，是对数学抽象与数学模型方法进行点悟的极好素材和契机。在概念的引进过程中，应注意：①解释概念产生的背景，让学生了解定义的合理性和必要性；②揭示概念的形成过程，让学生综合概念定义的本质属性；③巩固和加深概念理解，让学生在变式和比较中活化思维。在规律（定理、公式、法则等）的揭示过程中，教师应注意灌输数学思想方法，培养学生的探索性思维能力，并引导学生通过感性的直观背景材料或已有的知识发现规律，不过早地给结论，讲清抽象、概括或证明的过程，充分地向学生展现自己是如何思考的，使学生领悟蕴含其中的思想方法。

（四）通过范例和解题教学，综合运用数学思想方法

一方面要通过解题和反思活动，从具体数学问题和范例中总结归纳解题方法，并提炼和抽象成数学思想；另一方面在解题过程中，充分发挥数学思想方法对发现解题途径的定向、联想和转化功能，举一反三，触类旁通，以数学思想观点为指导，灵活运用数学知识和方法分析问题、解决问题。

范例教学通过选择具有典型性、启发性、创造性和审美性的例题和练习进行。要注意设计具有探索性的范例和能从中抽象一般和特殊规律的范例，在对其分析和思考的过程中展示数学思想和具有代表性的数学方法，提高学生的思维能力。例如，对某些问题，要引导学生尽可能运用多种方法，从各条途径寻求答案，找出最优方法，培养学生的变通性；对某些问题可以进行由简到繁、由特殊到一般的推论，让学生大胆联系和猜想，培养其思维的广阔性；对某些问题可以分析其特殊性，克服惯性思维束缚，培养学生思维的灵活性；对一些条件、因素较多的问题，要引导学生全面分析、系统综合各个条件，得出正确结论，培养其横向思维等等。此外，还要引导学生通过解题以后的反思，优化解题过程，总结解题经验，提炼数学思想方法。

长期以来，初中数学教学侧重于对教的研究，但是对学生如何去学，如何通过

有效的目标来调整数学教学中可能出现的问题，培养学生的学习能力、自主能力与创新能力，缺乏明确的认识与研究，因此在新课标条件下，初中数学教学方法就有必要进行更进一步的探索与研究，以适应教学改革的需要。

二、明确教学目标，优化教学方法

目前，初中数学的教学目标不再是简单地完成教学任务，而是根据我国教育的性质、任务和课程目标，以及结合数学学科的特点和中学生的年龄特征来完成教学任务的，更要注重知识传授、能力培养、思想、个性品质等方面的教育任务。特别是现行初中数学的教学目标，就明确提出了要"运用所学知识解决问题"，"在解决实际问题过程中要让学生受到把实际问题抽象成数学问题的训练"，"形成用数学的意识"。作为数学教师，必须对教学目标有明确的认识，并紧紧围绕教学目标针对性地展开教学。我们必须全面、深刻地掌握数学教学目标，并在教学过程中，不断注重教学方法的改进，优化教学环境，高质量地完成教学任务。

三、切实抓好课堂教学，进一步提高教学方法的实效性

课堂教学过程是师生相互交流的互动过程，师生均以一种积极的心态进入教学过程，是学生主动参与学习并取得良好教学效果的前提，同样更是初中数学教学的主渠道。

（一）注意学生学习兴趣的培养，激发学生的学习热情

学习兴趣是学生学习主动性的体现，也是学生学习活动的动力源泉。古往今来，很多教育家都非常重视对学生学习兴趣的培养、引导和利用。孔子曰："知之者，不如好之者。"说明"好学"对教育的重要性。作为教师要做到以"趣"引路，以"情"导航。在教学活动中，教师的讲授和学生的学习总是或多或少地带有一些感情色彩，即教育情感性。任何学生对教师的第一节课都会产生期待心情，这种期待主要表现为：对教师外表形象的期待；对教师言谈举止的期待；对教师课堂教学的期待。在教学实践中，我们发现有许多学生对于自己喜爱的教师，感兴趣的教学内容，引人入胜的教学方法等都会表现出极大的投入，其学习思维就会与教师的教学保持着和谐、完美的统一。学生通过这种方式学会了运用知识解决问题，并从中体验到成功

的乐趣，从而产生了进一步学习的愿望。作为初中数学教师应该认真研究学生的这种心理倾向，并通过这种途径培养学生的求知欲望，引导学生形成良好的意识倾向，要充分相信每一名学生的潜能，鼓励每一名学生主动参与学习。

（二）改革教学方式，发挥学生的主体作用

长期以来，许多学校的课堂教学都存在一个严重问题，即只注重教师与学生之间的"教"与"学"，而忽视了学生与学生之间的交流和学习，从而导致学生自主学习空间萎缩。表现为：教师权威高于一切，对学生要求太严；课堂气氛紧张、沉闷，缺乏应有的活力；形成了教师教多少，学生学多少，教师"主讲"，学生"主听"的单一教学模式，违背了"教为主导，学为主体"的原则。因此，要充分发挥学生的主体作用，就必须在课堂上多给学生留出一些让他们自主学习和讨论的空间，使他们有机会进行独立思考、相互讨论，并发表各自的意见，利用教师的主导作用，引导学生积极主动地参与教学过程。教学中，在教师的主导下，坚持学生是探究的主体，引导学生对知识发生、形成、发展的全过程进行探究活动。让学生学会发现问题、提出问题，并逐步培养他们分析问题、解决问题的能力。从而激起他们强烈的求知欲和创造欲。让学生从思想上产生由"要我学"到"我要学"的转变，真正实现主动参与。

（三）注重学习方法的传授，培养学生的学习能力

数学能力实际上是学生在数学学习活动中听、说、想等方面的能力，它们是数学课堂学习活动的前提和不可缺少的学习能力，也是提高数学课堂学习效率的保证。在数学教学活动中，"听"就是学生首先要听课，同时也要听同学们对数学知识的理解和课后的感受，这就需要有"听"的技能。因此，教师要随时了解周围学生对知识要点的理解及听课的效果，同时，教师也可以向学生传授一些听课技能。例如：在听课过程中怎样保持注意力高度集中，思路与教师同步；怎样才能更好地领会教师的讲解；怎样学会归纳要点、重点；遇到不懂的地方怎么办；别的同学回答问题时，也要注意听，并积极参与讨论等。

"说"就是学生对所学的数学知识能够用自己的语言进行描述，对数学中的概念能够做出解释，与同学之间进行讨论，向老师提出问题，使得自己的见解和提出

的问题易于被别人理解。"想"就是要发挥学生思维的"自由想象"。例如：我们在讲完"圆的有关性质"后，提出"车轮为什么要做成圆形的"，让学生充分发挥自由想象，在想象中去感受，体验，这样既活跃了课堂气氛，又让学生在想象中对所学知识得到了进一步的巩固。因此，在课堂教学中要尽量为学生创造有利于形成听、说、想能力的条件，并不断摸索培养的规律和方法。

随着我国教育事业的不断进步和发展，初中数学教师应紧跟时代的步伐，大力推进中学数学课程、教材、教法的改革，数学教师必须转变教育观念，改变教学方法，掌握新的教学基本功，为最终提高新课程的教学而努力。

第二章 初中数学教学模式与策略

教学模式是在一定教学思想或教学理论指导下建立起来的较为稳定的教学活动结构框架和活动程序。作为结构框架，突出了教学模式从宏观上把握教学活动整体及各要素之间内部的关系和功能；作为活动程序，则突出了教学模式的有序性和可操作性。因此，了解教学模式的发展及其规律，对于提高教师教学能力、提升教学质量具有重要意义。

第一节 教学模式的基本内容

"模式"一词是英文"model"的汉译名词，"model"还译为"模型""范式""典型"等，一般指被研究对象在理论上的逻辑框架，是经验与理论之间的一种可操作性的知识系统，是再现现实的一种理论性的简化结构。最先将"模式"一词引入到教学领域并加以系统研究的人，当推美国的乔伊斯（B.Joyce）和韦尔（M.Weil）。

乔伊斯和韦尔在《教学模式》一书中认为："教学模式是构成课程和作业、选择教材、提示教师活动的一种范式或计划。"实际教学模式并不是一种计划，因为计划往往显得太具体、太具操作性，从而失去了理论色彩。将"模式"一词引入教学理论中，是想以此来说明在一定的教学思想或教学理论指导下建立起来的各种类型的教学活动的基本结构或框架，表现教学过程的程序性的策略体系。

一、教学模式的特点

（一）指向性

由于任何一种教学模式都是围绕着一定的教学目标设计的，而且每种教学模式的有效运用也需要一定的条件，因此不存在对任何教学过程都适用的普适性的模式，也谈不上哪一种教学模式是最好的。最好的教学模式是在一定的情况下达到特定目标的最有效的教学模式。教学过程中在选择教学模式时必须注意不同教学模式的特点和性能，注意教学模式的指向性。

（二）操作性

教学模式是一种具体化、操作化的教学思想或理论，它把某种教学理论或活动方式中最核心的部分用简化的形式反映出来，为人们提供了一个比抽象的理论具体得多的教学行为框架，具体地规定了教师的教学行为，使得教师在课堂上有章可循，便于教师理解、把握和运用。

（三）完整性

教学模式是教学现实和教学理论构想的统一，所以它有一套完整的结构和一系列的运行要求，体现着理论上的自圆其说和过程上的有始有终。

（四）稳定性

教学模式是大量教学实践活动的理论概括，在一定程度上揭示了教学活动带有的普遍性规律。一般情况下，教学模式并不涉及具体的学科内容，所提供的程序对教学起着普遍的参考作用，具有一定的稳定性。但是，教学模式是依据一定的理论或教学思想提出来的，而一定的教学理论和教学思想又是一定社会的产物，因此教学模式总是与一定历史时期中社会政治、经济、科学、文化、教育的水平相联系，受到教育方针和教育目的的制约，因此这种稳定性又是相对的。

（五）灵活性

作为并非针对特定的教学内容的教学，而是体现某种理论或思想又要在具体的教学过程中进行操作的教学模式，在运用的过程中必须考虑到学科的特点、教学的内容、现有的教学条件和师生的具体情况，进行细微的方法上的调整，以体现对学科特点的主动适应。

二、教学模式的功能

（一）教学模式的中介作用

教学模式的中介作用是指教学模式能为各科教学提供一定理论依据的模式化的教学法体系，使教师摆脱只凭经验和感觉在实践中从头摸索进行教学的状况，搭起了一座理论与实践之间的桥梁。教学模式的这种中介作用，和它既来源于实践又是某种理论的简化形式的特点是分不开的：一方面，教学模式来源于实践，是对具体教学活动方式进行优选、概括、加工的结果，是为某一类教学及其所涉及的各种因素和它们之间的关系提供一种相对稳定的操作框架，这种框架有着内在的逻辑关系的理论依据，已经具备了理论层面的意义；另一方面，教学模式又是某种理论的简化表现方式，它可以通过简明扼要的象征性的符号、图式来反映它所依据的教学理论的基本特征，使人们在头脑中形成一个比抽象理论具体得多的教学程序性的实施程序。教学模式便于人们对某一教学理论的理解，是抽象理论得以发挥其实践功能的中间环节，也是教学理论得以具体指导教学，并在实践中运用的中介。

（二）教学模式的方法论意义

教学模式的研究是教学研究方法论上的一次革新。长期以来，人们在教学研究中，或习惯于采取单一刻板的思维方式，比较重视用分析的方法对教学的各个部分进行研究，而忽视各部分之间的联系或关系；或习惯于停留在对各部分关系的抽象的辩证的理解上，而缺乏作为教学活动的特色和可操作性。教学模式的研究指导人们从整体上去综合地探讨教学过程中各因素之间的互相作用和其多样化的表现形态，以动态的观点去把握教学过程的本质和规律，同时对加强教学设计、研究教学过程的优化组合也有一定的促进作用。

三、教学模式的发展

古往今来，教学实践中存在着多种模式。我国古代就有人从学的角度对教学进行过概括和总结。例如，孔子认为学习过程主要是由"学""思""习""行"四个环节构成的，在《中庸》一书中学习过程被概括为"博学之""审问之""慎思之""明辨之""笃行之"五个阶段；荀子则主张学习过程应是"闻""见""知""行"的过程，等等。这些思想都可视为世界上最早的教学模式的雏形。

在近代以前，教学的典型结构是：讲—听—读—记—练，这一模式是极其机械的。欧洲资本主义萌芽时期，捷克教育家夸美纽斯以认识论原理为指导，把教学的一般进程或结构概括为：观察—记忆—理解—练习。18世纪末，德国教育家赫尔巴特第一次把心理学原理运用于对教学过程的分析他以统觉论为基础提出了历史上著名的"四段论教学模式"：明了—联想—系统—方法。其后，戚勒和赖因将这一模式发展成了"五段教学法"。

进入20世纪之后，世界各国政治、经济和科学文化发生了深刻的变化，这种变化也影响到教育教学领域。尤其20世纪初发生了世界性经济危机，给当时的教育教学提出了新的问题。在这种形势下，赫尔巴特教学模式已不适应社会和教育教学变革的需要。美国实用主义教育家杜威打着"反传统"的旗帜，提出"进步教育"，主张教学改革。他从实用主义教育理论出发提出了"五阶段"教学模式。"五阶段"教学模式是杜威儿童中心主义和"从做中学"教学思想的集中体现。杜威从儿童生来就具有某些才能、兴趣和社会需要的本能论出发，提出了他的教学模式——"五步法"：发生困难—确定问题—提出假设—推论—验证。后来，杜威的门生克伯屈等人创立了"设计教学法"，进一步发展和完善了实用主义的教学模式。十月革命后，苏联教育家凯洛夫根据马克思主义认识论的原理，吸收历史成果，提出了一种教学模式：感知—理解—巩固—运用。

20世纪50年代，美国教育心理学家布鲁纳根据结构认识论提出了"发现学习"的教学模式：明确结构、掌握课题、提供材料—建立假说、推测答案—验证—做出结论。这一模式兼顾了教和学两个方面的作用，突出了现代教学的特点。与这一模式相类似的还有联邦德国20世纪50年代出现的"范例教学"模式，保加利亚20世

60—70年代兴起的"暗示教学"模式等。

20世纪50年代以后，教学模式出现了"百家争鸣、百花齐放"的繁荣景象。据乔以斯和韦尔于1980年的总结统计，共出现了23个教学模式，较有影响的有马歇尔和考科斯的社会探索模式、塔巴的归纳教学模式、布鲁纳的概念获得教学模式、皮亚杰和西格尔的认知发展教学模式、奥苏贝尔的先行组织者教学模式、罗杰斯的无指导者教学模式、斯金纳的操作条件反射教学模式等。这些教学模式大致可分为以下四大类。

（一）经典性教学模式

所谓经典性教学模式，是指那些合理地继承了传统教学过程理论最基本的原理、以研究系统知识技能的传授为特征的教学模式。范例教学模式、掌握学习教学模式及巴特勒的七阶段教学模式，是这类教学模式中具有代表意义的杰作。

范例教学，指从日常生活中选取蕴含教学内容本质因素、根本因素、基础因素的典型事例作为教学范例，使学生由此举一反三，掌握知识和获得能力。这种模式产生于20世纪40年代末50年代初的联邦德国，创始人是海姆佩尔和根舍因。范例教学模式包括四个阶段：①范例性地阐明"个"；②范例性地阐明"类"；③范例性地掌握规律性、范畴性关系；④范例性地获得关于世界的知识、经验。布鲁姆的掌握学习模式形成于20世纪60年代末，这一模式包括三个步骤：①定向，即在每单元的教学开始前将掌握目标明确地告诉学生，并对学生的兴趣、自信心和学习方法进行一定的启发；②实施，即采用通常的班级集体教学方法教授每一单元；③检验，即在单元和全部教材学完后进行总结性测验和评价，并进行必要的矫正和补缺。以上两种模式都合理地继承了传统教学理论的基本原理，并在实施方法上对传统教学理论做了重要发展。

美国著名教育家、心理学家巴特勒（Butler）1985年在《教学过程：一个联合而相互作用的模式》一文中提出了自己的七阶段教学模式（见美国 *Educational Technology* 1985年9月号至11月号）。这七个阶段是：①情境，即为学习新知识、技能创造良好的内外条件；②动因，即提供学习新知识、技能的诱发性刺激；③组织，即明确新旧知识、技能的结构和特性；④应用，即尝试使用新学的知识、技能；⑤评价，即尝试应用后的评估；⑥重复，即新知识、技能的巩固练习；⑦推广，即把新知识、技能迁移到新的情境中。显然，巴特勒模式在教学过程的始末阶段对传统模式做了极有意义的外向延伸，在方法论上对教学模式理论与现代心理学研究成果的结合做了十分有益的尝试。

（二）探索性教学模式

探索性教学模式是在新知识"激增"、对能力的要求越来越高的形势下产生的。这类教学模式的倡导者认为，应该改变传统教育重视知识教学、忽视能力培养的做法，把发展学习的探索能力放在首位。他们认为，教学过程对于学习来说，不应该是一种接收过程，而应该是一个探索过程。布鲁纳是当代倡导探索性教学模式的先驱。20世纪60年代，布鲁纳提出了包括提出问题、制订假设、验证假设、得出结论四个步骤的"发现法"教学范式。20世纪70年代，美国教学法专家兰布达、布莱克伍德等在一本小学自然教材教学法专著中又提出了基本思想与"发现法"模式相同的"探究—研讨"教学模式。

（三）程序性教学模式

程序性教学模式的基本特征是将教学过程具体地程序化、算法化，或者说用许多有严密逻辑联系的"小步子"组成教学过程，以取代办法较为模糊的传统教学模式。实施这类模式，通常可以借助于教学机器，甚至可以在一定范围内完全依赖机器。斯金纳的程序教学模式、兰达的算法教学模式和加涅的指导教学模式均属这类模式。

（四）开发性教学模式

开发性教学模式试图另辟蹊径，通过一定的方法开发人的学习潜能，使人的学习变得轻松愉快。保加利亚心理治疗医生洛扎诺夫于1955年创立的暗示教学模式是这类模式的代表。所谓"暗示"，指利用外部因素在不知不觉中对活动主体施加影响，以达到预定目的。洛扎诺夫认为，暗示是环境和人之间的重要交流因素，能在不知不觉中产生巨大作用；教学中应该把有意识因素与无意识因素融为一体，把理智与情感结合起来，开发潜力。洛扎诺夫首先在心理治疗中成功地使用了自己的理论。接着，他将自己的理论引入外语教学，创立了暗示教学模式。最后，这种模式在其他学科和其他国家得到推广，产生了很大影响。暗示教学的实施步骤是：①在一定情景中通过对话、做游戏等轻松愉快的活动复习功课；②以对话形式揭示新教材；③运用瑜伽原理使学生进入最佳学习状态（学生靠背而坐，全身放松，调息，注意力在不知不觉中高度集中）；④教师运用形象化手段（如富于表情的朗诵、暗示性对话、游戏等，并伴以慢拍音乐）教授新教材，学生在无意识中体会、理解；⑤用轻快的乐声唤醒学生，结束学习。洛扎诺夫说，这种方法模式能使教学效果提高20～30倍。

在上述四种教学模式中，经典性教学模式比较稳健、顺应传统和实用，易为人们所接受。探索性教学模式建设性地针砭了传统教育的弊端，令人耳目一新，它的基本精神还在一定程度上为人们接受，随社会知识化、竞争化程度的提高，它的身价还会提高。程序性教学模式为机器介入教学和教学过程"标准化"创造了条件。开发性教学模式的价值在于教学活动的无意识化和高效化，正处在摸索阶段的开发性教学模式可能会给教学法理论带来一场革命。

四、教学模式的发展趋势

（一）重能力趋势

以赫尔巴特理论为代表的传统教学论在强调系统、严格地传授知识的同时，并不否定发展能力的意义，不过，它把发展能力置于次要的、从属的、"兼顾"的地位。赫尔巴特在否定以洛克为代表的"形式训练"论时，走向了另一个极端。现代教育家们不再在知识与能力两方面各执一端，相互否定。人们普遍认为传授知识与发展能力是教学的双重任务。但是，传授知识与发展能力谁是教学的首要任务？对此，有的人在肯定能力意义的同时宣称传授知识是教学的首要任务；有的人认为二者并重；有的人则强调发展能力是教学的首要任务和基本任务。这三种人大体可称为"保守派""温和派""激进派"。各派在以下两个问题上的意见上是一致的：第一，教学中既要传授知识，又要培养能力，尤其是自学能力；第二，知识、能力有密切联系，能力是学习知识的条件。基于这两点，现代教育家在研究和表达教学模式时无不把发展学生的能力放在重要位置。随着知识增长速度的加快、终身教育的普及和社会竞争化程度及个人社会生活复杂化程度的提高，学生的一般能力、创造能力、社会交往能力等必将越来越受到人们的重视；人们在设计或归纳教学模式时，必将越来越重视能力。

（二）重学生趋势

可以说，任何一种有价值的教学模式都在某种程度上建立在对学生学习过程的认识上。不过，重视对学生学习过程的研究，并不等于承认学生在教学中的主体地位。例如，赫尔巴特研究学生的学习，是为研究如何发挥教师权威作用服务的。在教育史上，19世纪末至20世纪40年代的美国、20世纪20至30年代的苏联、20世纪60至70年代中国都存在轻视教师主导作用、轻视系统严格的知识教学的问题。人们在认识到这一问题后，自然又在不同程度上向传统教育回归。在仓促的"回归"中，难免出现轻视学生主体作用和能动作用的问题，这就需要纠正"过正"的"矫枉"。于是，重视学生的主体地位成了当代教学模式的共同特征，一些教学模式甚至直接把承认学生的主体地位和能动作用作为建立和推广自己理论体系的前提。除了教学基本规律决定了学生的主体地位外，推行终身教育的学习机制等都要求教育者进一步发挥学生的主体作用。可以预见，人们将由目前的普遍赞成实行"带领"学生学逐渐转变为普遍赞成实行"引导"学生学。

（三）心理学化趋势

随着心理学的发展，教学模式的心理学色彩越来越浓厚。古代的孔子模式、苏格拉底模式基本上不带心理学色彩；近代的赫尔巴特、乌申斯基等人则把教学理论与对学习心理的认识结合起来论述自己的教学模式；现代的布鲁纳模式、巴特勒模式等，在某种程度上则是现代心理学的产物；具有开拓意义的算法教学模式、暗示教学模式等，如果离开了心理学的研究成果，不仅会失去价值，甚至不能成立。现代心理学取得了可观的成就，其在认识的发生发展方面，在能力结构及其发展方面，在疲劳研究、记忆原理、心理语言、暗示及潜能研究等方面，都取得了重要成果。遗憾的是，一方面心理学研究的成果没有得到很好的利用和推广，另一方面教师和教育管理者往往凭经验办事，甚至对心理科学的新成果持怀疑态度。这就需要借助于教学模式，在心理科学与实际应用之间发挥中介、桥梁作用。随着生理学（特别是脑科学）和生物化学研究的不断深入，心理学必能更清晰、客观地阐明人类学习机制。从心理机制角度科学地设计和叙述教学模式，不仅是必然的，而且能够越做越好。20世纪20年代，普雷西设计了第一台教学机器，开创了把电子技术引入教学过程的纪录。随着电子技术的飞速发展，广播、电视、程序教学机器、电子计算机等正在越来越多、越来越成功地介入教学。

第二节 "翻转课堂"教学模式

一、翻转课堂的发展背景

"翻转课堂"（Flipping Classroom，或译作"颠倒课堂"）近年来成为全球教育界关注的热点，2011年还被加拿大《环球邮报》评为"影响课堂教学的重大技术变革"。翻转课堂的起源应归功于美国科罗拉多州落基山林地公园高中的两位化学教师——乔纳森·伯尔曼（Jon bergmann）和亚伦·萨姆斯（Aaron Sams）。在2007年前后，他们受到当地一个实际情况的困扰：有些学生由于生病，无法按时前来上课，也有一些学生是因为学校离家太远而花费了过多时间在乘坐校车上，这样导致有些学生缺课而跟不上教学进度。为了解决这一问题，开始时他们使用录屏软件去录制PPT演示文稿和教师实时讲解的音频，然后再把这种带有实时讲解的视频上传到网络（供学生下载或播放），以此帮助课堂缺席的学生进行补课。由于这些在线教学视频也被其他无须补课的学生所接受，经过一段时间以后两位教师就逐渐以学生在家看视频、听讲解为基础，腾出课堂上的时间来为完成作业或实验过程中有困难的学生提供帮助。这样，就使"课堂上听教师讲解，课后回家做作业"的传统教学习惯、教学模式发生了"颠倒"或"翻转"——变成"课前在家里听看教师的视频讲解，课堂上在教师指导下做作业（或实验）"。在新教学模式实施过程中，上述在线教学视频也被其他的（并未缺课的）学生所接受，并在更大范围内传播开来（由于很多学生每天在18时至22时之间下载教学视频，以至于学校的服务器在这个时段经常崩溃）。与此同时，两位教师的不同寻常的实践探索引起学校、家长和社会各界越来越多的关注，并经常受到同行的邀请去介绍经验，从而在落基山附近地区（乃至整个科罗拉多州）产生愈来愈大的影响——不少其他中学的各学科教师（不光是化学教师）也在积极探索和运用"翻转课堂"这种全新的教学模式。这就是"翻转课堂"的由来或起源。

"翻转课堂"虽然在2007年前后就已开始出现，但它真正能把自身影响力扩展至全美乃至全球，还是三年以后的事，而这又和"可汗学院"的兴起密切相关。2007年以后，"翻转课堂"这种全新的教学模式已在美国科罗拉多州的部分地区逐渐流行，但是尚未在更大范围内推广。其原因是：很多教师虽然认可翻转课堂，愿意参与这种形式的教学试验，而要真正实施这种教学模式，还需克服一个重要障碍——制作教学视频（并非每一位教师都能制作出具有较高质量的教学视频）。正在这个关口，美国出现了"可汗学院"并快速发展，从而使上述障碍得到较好的解决。"可汗学院"是在2004年由孟加拉裔美国人萨尔曼·可汗（Salman Khan）创立。开始时，是为了对亲戚家的小孩学习数学进行远程辅导，录制数学方面的教学视频，并把它放到You Tube网站上，除了供其亲戚家的孩子远程学习，也供其他有需要的人士免费观看和学习。接下来，他又对这些教学视频内容做了补充——增加互动练习软件，以便学习者进行数学训练。到2007年，可汗把教学视频和互动练习软件加以整合，在此基础上创立了一个非营利的教学网站，用教学视频讲解各学科（不仅是数学）的教学内容和网上读者提出的各种问题，并提供在线练习、自我评估、学习进度自动跟踪等学习工具。到2009年，可汗干脆辞掉自己的原有工作，全身心投入到这一教学网站的运行与维护，并把专门开展在线教育的这个非营利教学网站正式命名为"可汗学院"。一年以后（2010年秋天），可汗学院引起了比尔·盖茨的关注，并相继收到"比尔和梅林达·盖茨基金会"，以及"谷歌公司"的数百万美元资助，从而使可汗学院不仅有更大范围的影响，所提供的教学视频质量和学习支持工具的性能也进一步提升（后来可汗学院还开发出"学习控制系统"——能及时收集学生的各种学习数据，不仅使学生和教师能随时了解学习状况，还便于教师有效实施翻转课堂）。有了"可汗学院"免费提供的优质教学视频，克服了实施"翻转课堂"的重要障碍，这就大大降低了广大教师进入"翻转课堂"的门槛，从而推动了"翻转课堂"的普及，使"翻转课堂"不仅走出科罗拉多州，进入北美乃至全球教育工作者的视野，并受到热捧。"翻转课堂"的发展，除了体现在上述应用区域和受影响人群的扩大以外，还体现在教学内容与教学方式的拓展上。如上所述，"翻转课堂"是使传统的"课堂上听教师讲解，课后回家做作业"的教学习惯、教学模式发生了

"颠倒"或"翻转"——变成"课前在家里听看教师的视频讲解，课堂上在教师指导下做作业（或实验）"。早期的翻转课堂，课前在家里只有"听看教师的视频讲解"（即利用"教学视频"）这种单一的形式，但是到2011年以后，随着全球教育领域另一个重大事件"MOOCs"（"慕课"）的崛起，翻转课堂在课前家中实施的教学内容与教学方式也发生了很大的变化。"慕课"的全称是"大规模开放在线课程（MassiveOpen Online Courses，简称（MOOCs）"。它与以往的网络开放课程的较大区别主要有两点：一是强调"互动与反馈"；二是倡导建立"在线学习社区"。在以往的网络公开课中，大多是提供视频授课录像或是学习内容——事先编辑好的课件或录制好的讲座，学生往往处于被动接受状态，教师与学生之间、学生与学生之间缺少交流与反馈，所以没有参与感。而MOOCs通过在授课视频中穿插提问、随堂测验和开展专题讨论，并鼓励学习者利用QQ社交网站及其他个性化学习工具主动浏览、获取相关信息与学习资源等方式，大大增强了课程实施过程中的交流、互动与反馈。与此同时，MOOCs还积极鼓励、倡导学习者在参与慕课的过程中（尤其是在完成作业或专题讨论的过程中），形成各种"在线学习社区"——学习者根据不同的主题和个人的兴趣爱好，在不同的社交网站上构建起互助、合作、交流的亚群体，并随着亚群体人员的聚集、学习社区的不断扩大，又进一步衍生出与本课程相关的网站和资源库。通过以上两种方式——加强"互动与反馈"和倡导"在线学习社区"，就使学习者能在参与慕课的过程中产生一种"沉浸感"和"全程参与感"，这是传统的讲授和教学视频完全无法与慕课相比之处；也正是"翻转课堂"在与"慕课"相结合以后（即课前在学生家中进行的授课充分吸纳MOOCs上述两种方式的长处以后），体现在教学内容与教学方式的拓展上所发生的发展与变化。事实上，在"翻转课堂"的开创者——林地公园高中的两位化学教师乔纳森·伯尔曼（Jon Bergmann）和亚伦·萨姆斯（Aaron Sams）看来，属于单向传授的教学视频播放并非翻转课堂的重点，他们最为关注的还是有利于发展学生深层次认知能力的教师与学生之间、学生与学生之间的交流与互动。为此，后来他们还把翻转课堂重新命名为"翻转学习"。

目前，翻转课堂在美国受到很多学校的欢迎。其中，主要有两个因素促使该教学模式得到了广泛的应用。一是美国学生在高中毕业后仅有69%的人顺利毕业。在每年120万的学生中平均每天有7200人辍学。二是网络视频在教学中得到了广泛的应用。2007年，有15%的观众利用在线教育视频进行学习，2010年增至30%。在线网络课程不仅涉及历史等文科领域，而且扩展至数学、物理学和经济学等领域。据不完全统计，截至2012年初，已经有2个国家20个州30多个城市在开展翻转课堂的教学改革实验。

随着国内数字化学习受到越来越多的关注，对数字化教育资源需求以及与之对应的新的教学模式的探求也越来越紧迫，基础教育阶段关于数字化教育的研究已经重心下移，从理论和政策层面具体到实践方面的探索研究，国内教育发达地区，也都从区域信息化建设、学校教育管理，以及教师教学方式转变等角度，对如何促进学生的学习进行了有针对性的研究，为国内翻转课堂的教学模式研究提供了很好的参考借鉴。

二、"翻转课堂"的理论基础

新课改理论是本教学模式研究的重要指导理论，是研讨数字化教育资源环境下教学模式改革的指导思想。初中数学翻转课堂的设计模式与应用效果研究，特别注重体现以下几种新理念：数字化教育资源要注重引导教师教学方式和学生学习方式的变革；强调与现实生活的联系；体现学生的身心特点；体现教学设计的思想，同时把知识与技能、过程与方法、情感态度与价值观反映在主题和内容的编排中；要体现课程结构的连续性、综合性和选择性；从单纯注重传授知识转变为引导学生学会学习，学会合作，学会生存，学会做人，关注学生的全面发展，等等。

研讨"多媒体辅助教学下的翻转课堂教学模式"必须以现代教与学的各种理论为基础，如人本理论、元认知理论、多元智力理论、建构主义理论、发现学习理论、先行组织者理论、学习条件理论、掌握学习理论、信息加工理论、暗示教学理论……还有许多先进的教学模式和教学方法，这些理论和方法都从教学过程的不同角度解释了不同的教与学的现象，我们要用这些先进的教与学的理论来指导数字化教育资源开发与应用的研究工作。

翻转课堂创建者成员的乔纳森·贝格曼和亚伦·萨姆斯在他们的网站上声明，翻转课堂模式采用的是本杰明·布卢姆创立掌握学习法。所谓"掌握学习"，就是在"所有学生都能学好"的思想指导下，以集体教学（班级授课制）为基础，辅之以经常、及时的反馈，为学生提供所需的个别化帮助，以及所需的额外学习时间，从而使大多数学生达到课程目标所规定的掌握标准。布卢姆认为只要给予足够的时间和适当的教学，几乎所有的学生对几乎所有的内容都可以达到掌握的程度（通常能达到完成80%～90%的评价项目）。学生学习能力的差异不能决定他能否学习要学的内容和学习的好坏，而只能决定他将要花多少时间才能达到该内容的掌握程度。换句话说，学习能力强的学习者可以在较短的时间内达到对该内容的掌握水平，而学习能力差的学习者则要花较长的时间才能达到同样的掌握程度。

三、认识翻转课堂

（一）什么是翻转课堂

通过翻转课堂教学模式的创建人乔纳森·伯尔曼和亚伦·萨姆斯下面的问答，我们能更加准确地理解翻转课堂的含义。

翻转课堂不是什么？

不是在线视频的代名词。翻转课堂除了教学视频外，还有面对面的互动，是与学生、教师一起发生有意义的学习活动；

不是视频取代教师；

不是在线课程；

不是让学生进行无序学习；

不是让整个班的学生都盯着电脑屏幕；

不是让学生孤立地学习。

翻转课堂是什么？

是一种手段，增加了学生和教师之间的互动和个性化的接触时间；

是创造了一种让学生对自己的学习负责的环境；

教师是学生身边的"教练"，而不是在讲台上的"圣人"；

是直接讲解与建构主义学习相结合的课堂；

是学生课堂缺席，但不被甩在后面；

是课堂的内容得到永久存档，可用于复习或补课；

是让所有的学生都积极学习的课堂；

是让所有学生都能得到个性化教育的课堂。

（二）翻转课堂教学的几个特点

1. 教学视频短小精悍

不论是萨尔曼·可汗的数学辅导视频，还是乔纳森·伯尔曼和亚伦·萨姆斯所做的化学学科教学视频，它们一个共同的特点就是短小精悍。大多数的视频都只有几分钟的时间，比较长的视频也只有十几分钟。每一个视频都针对一个特定的问题，有较强的针对性，查找起来也比较方便；视频的长度控制在学生注意力能比较集中的时间范围内，符合学生身心发展特征；通过网络发布的视频具有暂停、回放等多种功能，可以自我控制，有利于学生的自主学习。

2. 教学信息清晰明确

萨尔曼·可汗的教学视频有一个显著的特点，就是在视频中唯一能够看到的就是他的手在不断地书写一些数学的符号，直到这些符号缓慢地填满整个屏幕。除此之外，就是配合书写进行讲解的画外音。用萨尔曼·可汗自己的话语来说："这种方式会让学习者感到并不是我站在讲台上为你讲课，而是，我们就像同坐在一张桌子面前，一起学习，并把内容写在一张纸上。"这是"翻转课堂"的教学视频与传统的教学录像的不同之处。因为教学视频中出现的教师的头像或者教室里的各种物品摆设，都会分散学生的注意力，特别是在学生自主学习的情况下，所以，翻转课堂的教学视频必须要清晰明确、主题突出、简单明了。

3. 重新建构学习流程

通常情况下，学生的学习过程由两个阶段组成：第一阶段是"信息传递"，这是通过教师和学生、学生和学生之间的互动来实现的；第二个阶段是"吸收内化"，这是在课后由学生自己来完成的。由于缺少教师的支持和同伴的帮助，"吸收内化"阶段，学生常常会感到挫败，丧失学习的动机和成就感。"翻转课堂"对学生的学习过程进行了重构。"信息传递"是学生在课前进行的，教师不仅提供了视频，还可以提供在线的辅导；"吸收内化"是在课堂上通过互动来完成的，教师能够提前了解学生的学习困难，在课堂上给予有效的辅导，学生之间的相互交流更有助于促进学生对知识的吸收内化。

4. 复习检测方便快捷

学生观看了教学视频，是否理解了学习的内容，视频后面紧跟着的四五个小问题可以帮助学生进行及时的检测，让学生对自己的学习情况做出判断。如果有几个问题回答得不好，学生可以回过头来再看一遍视频，仔细思考哪些方面出了问题。学生对问题的回答情况能够及时地通过云平台进行汇总处理，帮助教师了解学生的学习状况。教学视频另外一个优点就是便于学生一段时间学习之后的复习和巩固。评价技术的跟进使得学生学习的相关环节能够得到实证性的资料，有利于教师真正了解学生。

（三）国内外做法介绍

1. 美国"翻转课堂"教学模式的特点

（1）创建教学视频：首先，应明确学生必须掌握的目标，以及视频最终需要表现的内容；其次，收集和创建视频时，应考虑不同教师和班级的差异；再次，在制作过程中应考虑学生的想法，以适应不同学生的学习方法和习惯。

（2）组织课堂活动：将学习内容在课外传递给学生后，课堂内就更需要高质量的学习活动，从而让学生有机会在具体环境中应用其所学内容。课堂学习活动包括学生创建内容，独立解决问题，探究式活动，基于项目的学习。

2. "翻转课堂"对学习的改变

乔纳森·伯尔曼和亚伦·萨姆斯在演讲中提到了翻转课堂在下面三方面从根本上改变了学习。

（1）"翻转"让学生自己掌控学习。翻转课堂后，利用教学视频，学生能根据自身情况来安排和控制自己的学习。学生在课外或回家看教师的视频讲解，完全可以在轻松的氛围中进行，而不必像在课堂上教师集体教学时那样紧绷神经，担心遗漏什么，或因为分心而跟不上教学节奏。学生观看视频的节奏快慢全由自己掌握，懂了的快进跳过，没懂的倒退反复观看，也可停下来仔细思考或做笔记，甚至还可以通过聊天软件向老师和同伴寻求帮助。

（2）"翻转"增加了学习中的互动。翻转课堂最大的好处就是全面提升了课堂的互动，具体表现在教师和学生之间以及学生与学生之间。由于教师的角色已经从内容的呈现者转变为学习的教练，这让教师有时间与学生交谈，回答学生的问题，参与到学习小组，对每个学生的学习进行个别指导。当学生在完成作业时，我们会注意到部分学生为相同的问题所困扰，我们就组织这部分学生成立辅导小组，往往会为这类有相同疑问的学生举行小型讲座。小型讲座的美妙之处是当学生遇到难题准备请教时，我们能及时地给予指导。当教师更多地成为指导者而非内容的传递者时，我们也有机会观察到学生之间的互动。我们在教室内巡视的过程中注意到学生发展起了他们自己的合作学习小组，学生彼此帮助，相互学习和借鉴，而不是依靠教师作为知识的唯一传播者。当我们尊重学生的这种方式，他们通常会做出回应。他们开始认识到，我们在这里，是在引导他们的学习，而不是发布指令的教师。我们的目标是让学生成为最好的学习者，并真正理解课程的内容。当我们在学生身边和他们一起掌握概念，学生会以他们最好的行动来回应。可能有些同行会问，如何形成我们的学习文化？我们认为关键是让学生确定学习为自己的目标，而不是争取完成的任务。由此，我们着力于把课程变成有意义的活动而不是完成繁忙的工作。

（3）"翻转"让教师与家长的交流更深入。翻转课堂改变了教师与家长交流的内容。大家都记得，多年以来，在家长会上，父母问得最多的是自己孩子在课堂上的表现，如安静地听讲、行为恭敬、举手回答问题、不打扰其他同学。这些看起来是学习好的特征，我们回答起来却很纠结。因为在我们翻转课堂后，在课堂上这些问题也不再是重要的问题。现在真正的问题是：学生是否在学习？如果他们不学习，我们能做些什么来帮助他们学习呢？这个更深刻的问题会带领教师与家长合作：如何把学生带到一个环境，帮助他们成为更好的学习者。学生不学习有无数的理由：他们没有相关的基础知识吗？他们个人问题干扰他们的学习吗？或者，他们更关注"在学校玩"，而不是学习吗？当我们（家长和教师）可以诊断孩子为什么不学习时，我们就要实施必要的干预措施。

3. "翻转课堂"教学模式在国内的应用

翻转课堂的概念进入中国之后，引起了国内中小学的关注与实验。在翻转课堂教学模式中做得比较好的中学有很多，下面以重庆市聚奎中学为例进行介绍。

重庆市聚奎中学从2011年开始开展"翻转课堂"教学模式的研究，其具体做法主要体现在以下6个方面。

（1）四个转变和四个注重。四个转变：从"关注知识的传授"向"关注学生的发展"转变；从怎样"教教材"向怎样"用教材"转变；从注重"教"向注重"学"转变；从"传统教学"向"新理念教学"转变。四个注重：注重了学习过程；注重了学生活跃的思维方式的培养；注重了学生自主学习习惯的培养；注重了学生合作精神的培养。

（2）少讲多学，合作共赢。聚奎中学将翻转课堂与学校原有的"541"高效课堂模式结合，真正实现了课堂的高效。学生的学比教师的教更重要、更关键。翻转课堂将传统课堂40分钟左右的讲解浓缩为15分钟，教师少讲、精讲，节约群体授课平均化教学的时间，学生就有了大量的自主学习时间。这里的"合作"包括师生合作、生生合作；"共赢"包括教师的职业发展和学生的全面成长。学生课前已经完成了对知识的学习，在课堂上先独立做作业，对于难题则通过小组合作的方式来完成，组内不能解决的通过全班来解决，全班学生都不能解决的由教师来解决。在学生独立或互助学习时，教师巡视课堂，给学生以必要的个别指导。翻转课堂让所有学生都有事可做，让所有学生都"动"起来、"忙"起来，增加了师生之间和生生之间的互动和个性化的接触。

（3）课余学习与课堂练习。传统的课堂是"课堂学习+课后练习"，而翻转课堂则是"课余学习+课堂练习"。实验教师提前录制好教学视频并上传至学校服务器，学生在自习课或课外使用平板电脑从服务器上下载并观看教学视频，回到课堂上与教师和同学进行面对面的交流、讨论，完成练习。

（4）减少教师的重复讲解。传统的班级授课制只能抓中间层级的学生，很难照顾到优等生和后进生。所以，在传统的课堂往往会出现这种情况：优等生"吃"不饱，后进生"吃"不了；优等生觉得教师重复地讲"简单"的知识，后进生觉得教师讲得实在太快以致来不及理解和做笔记。科技能解决班级教学的弊端，帮助学校达成一对一的教学，从而实现教学效益的最大化。学生观看教学视频时，看不懂的反复看，并且可以随时暂停教师的"讲课"，有更充裕的时间做笔记和思考，减少教师的重复讲解。学生如因特殊原因请假缺课，也不必担心落下课业。由于教学内容得到永久存档，因此期末复习时，学生如要补漏，只需点击存档，教师的教学内容即可重现。

（5）让优等生可以加速学习。翻转课堂要求教师提前录制好教学视频。学生的学习有很大的学科差异，传统的课堂教学很难让学生得到个性化教育。在优势学科中，学生可以加快学习进度，做该科的"先遣部队"，而不必像传统课堂一样跟随大部队，从而更好地发展这一优势学科。

（6）及时掌握学生的学业情况。教师在备课时已经将一部分练习（目前主要是选择、填空和判断三种题型。）上传至服务器，学生在课前根据预先录制好的教学视频自学完后，马上在线完成相关练习，学习平台会立即反馈正误。学生根据作业反馈决定是否再次学习本课内容，错误的记忆和理解得到及时纠正。同时通过一套统计软件，教师登录教学平台后就可以知道这名学生对本课知识的掌握情况，以及全班学生的整体学习情况，进而帮助教师调整教学进度、难度，制订个别辅导计划。

四、初中数学"多媒体辅助教学下的翻转课堂教学模式"的基本流程和策略

（一）基本流程

第一环节：课前准备。

第1步：学生通过前期微课学习，形成学习的收获和问题，并将这些收获和问题在课前借助软件平台传给教师。

第2步：教师收集学生的收获和问题，形成2～3个的主导性问题，根据这些问题进行教学设计。

主导性问题的设置说明：若学生集中性问题较多可以采取"聚类"的方式进行设置；若学生提出的集中性问题较少，则可以结合本节课的重难点进行分类设置。

第二环节：课上交流。

第1步：由教师主导，进行学习收获交流。

收获交流的要求说明：将学生的收获进行整理，制成课件，引导学生快速浏览回顾，时间严格控制在2分钟以内。

第2步：针对学生的收获和问题，进行前期诊断性检测，结合信息化设备进行即时性的数据统计；根据数据统计情况，真实了解进入课堂的学生的实际情况，教师可以据此及时调整教学的侧重点和时间安排。

前期诊断性问题的要求说明：①题目数量要少，一般控制在4～6道，要控制完成的时间；②题目形式以填空、选择为主，便于及时统计；③题目的设计要结合本

节课的重难点，兼顾学生提出的收获和问题，以便通过检测了解学生对重难点的掌握，以及了解学生对自己认知能力的认识程度，时间控制在5分钟以内。

第3步：结合课前设计的主导性问题推动进程，借助互动生成法、内在建构教学法进行教学。

互动生成法、内在建构法的具体要求说明：①教学过程中可以与小组合作教学、多元化评价等教学手段相结合；②教师在教学过程中要走入学生的讨论当中，注重对有效教学资源的捕捉，采用语言点拨或者生成性资源的深加工引导学生对问题的认识更清晰或深入；③教学过程中，要及时结合前期诊断性检测的结果强化或弱化、添加或删除某些主导性问题，本环节为课堂教学的重点，时间控制在25分钟之内。

第4步：结合本节课的教学内容，设置拓展延伸或者知识总结环节，将知识的学习进行拓展和系统总结，提升学生的学习能力，时间控制在8分钟以内。

第5步：针对本节课的主导性问题，设置收获性检测，要求与前期诊断性检测题目相类似，时间控制在8分钟以内。

第三环节：课后工作。

第一步：根据信息化设备进行收获性检测的数据统计，据统计结果，了解课堂学习后学生的实际情况。

第二步：针对学生实际情况，指导掌握较好的学生回家进行后续的微课学习；对于掌握不理想的学生，利用在校时间指导学生如何结合微课进行学习，并完成备用收获性检测，及时通知家长并要求家长做好学生在家学习的指导工作。

（二）基本策略

1. 明确师生关系地位的策略

多媒体辅助教学下的翻转课堂教学模式中，教师处于教学过程的主导地位。微课的设计与制作，主导性问题的设计，前期诊断性测试的设置，主导性问题的讨论、具体实施，以及引申的灵活掌控，当堂收获性检测设置等，这一系列的活动无不体现出教师在这种教学模式下的主导地位。同时，这也对教师提出了更高的要求。微课制作可以与动手操作、PPT展示、几何画板演示、flash展示、网上视屏展示、录课笔、手机、视频录制设备和编辑软件等当前各种多媒体辅助教学手段结合起来，这需要教师广泛学习多种教学辅助手段。主导性问题设计、前期诊断性测试设置、收获性测试设置需要教师深入地挖掘教材，同时对任教学生有较全面的认识；主导性问题的推进实施则需要老师有深厚的教学功底、有良好的沟通和应变能力。

多媒体辅助教学下的翻转课堂教学模式中，学生处于教学过程的主体地位。学生是微课学习的主体，学习收获和问题提出的主体，主导性问题设计和推进落实的主体，诊断性检测和收获性检测设计和实施针对的主体。学生的知识需求是课堂教学的内容所在，学生的合作互动、生成建构是课堂教学的推进器，学生的诊断性检测和收获性检测的成绩是课堂教学效率的指标。因此，这种教学模式培养了学生的自觉学习能力、自我认知能力、合作学习能力和知识归纳建构的能力。

只有师生明确各自分工，做好各自的工作，才能将"多媒体辅助教学下的翻转课堂教学模式"的作用最大化地体现出来。

2. 微课制作与主导性问题设置的策略

多媒体辅助教学下的翻转课堂教学模式对于课前学生自学用的微课质量和课上推进教学的主导性问题的合理性都提出了很高的要求。这两个元素是这种教学模式实施的基础和纲目，是这种教学模式区别于传统教学的根本所在，是将学生的个性教学与班级授课的集体教学相结合的关联纽带，体现了这种教学模式是为学生提供班级授课制形式下的个性化教育，是真正服务于学生的教学模式。

多媒体辅助教学下的翻转课堂教学模式中的微课，除了传统要求的"短、小、精、悍"，更要求具备亲和力和互动性，要让学生感受到接受的是教师的教学而不是机器的教学，同时尽量添加互动性的环节，使学生易于形成收获和感受问题，为课上的教学提供有效的支撑资源。

多媒体辅助教学下的翻转课堂教学模式中的主导性问题，一定要分清主次。教材中的重难点知识与学生自学过程中产生群体性问题的重叠内容是课上要解决的主导性问题的重中之重。对于教材中的重点和难点知识而学生自学过程中没有产生群体性问题，要通过前期诊断性检测检验学生掌握的真实情况。如果学生自我认知能力强，确实没有存在全班性问题，可以在教学讨论过程中帮助个别存在困难的学生即可；如果学生自我认知能力弱，实际检测结果存在群体性问题，可以及时向学生展示统计数据，添加或更换主导性问题，确保教学内容的真正落实，同时对学生的自学能力和自我认知能力方面要做到有意识地培养。

第三节　小组合作模式及其有效策略

一、小组合作学习方法

小组合作学习是指将两个或者更多的学生组成一个学习单元，为实现相同的目标而开展的学习活动，这种方法不但可以提升课堂成效，而且可以对学生的自主学习技能、合作探究才能的培育发挥重要作用。

二、怎样把小组合作学习运用到数学课堂中

（一）内容的导入——讲授新知识点

科学的教学方式是达到教学目标，完成教学任务，提升教育质素的关键因素，因而，把小组合作学习纳入到新课程授课中，不但可以激发学生对课程的参与热情，而且对高效数学课程的达成也发挥着极为关键的作用，所以，在素质教育下，老师需要高效地把小组合作学习范式带入全新知识点的讲授中，以促进课堂效率的提升。

（二）慎重地选取教学内容

老师备课时需要深入研究课本，选取小组合作学习的内容，合作学习的内容应有一定的难度，层次分明，具备较大的探讨与研究价值，以及相应的开放性，如果老师设置的合作学习问题没有挑战性，学生经过自主思索很快就可以解决，那么这个问题就不值得采取小组合作学习的方式来进行探讨，对于推动学生思维能力的发展是无效的，但是如果问题设置得太难，学生水平跟不上，没有能力参与，就会失去探讨的热情，那么学生的思维才能、表达才能、质疑才能就无法得到有效训练，合作理念、合作才能就无法得到有效培育。因此，笔者认为教学内容的选取在开展小组合作学习中是极为关键的。

（三）开展小组合作学习的注意事项

1. 老师要明确在小组合作学习中充当的角色

在小组合作学习中，学生是学习数学的主体，老师是学生学习时的组建者、引领人和合作者，小组合作学习的目标是让学生有更多的机会参加到数学活动中，增强老师与学生、学生与学生之间的沟通和交流，在学生进行小组合作学习时，老师要走到学生中去，加入学生的探讨中，但老师更多的是观察与倾听，有需要时可以干预，教会学生一些探究、发现的方法，激发学生的思维火花，将学生的探讨往更深层次去引导。

2. 老师要发挥好高效的评价作用

正确而又具有针对性的评价能够使学生不仅看到自身的缺陷，而且可以得到改进的方向，进而对学习充满激情，因此，老师应当构建多元化的评价系统，对学生的考核目标应当多样化，对数学学习的考评不仅要注重学生学习的成果，而且要注重学生学习的整个进程；不仅要注重学生学习数学的能力，而且要注重学生在小组合作学习活动中所展现出来的情感和学习理念，老师对学生的学习成效的评价切忌泛泛而谈，在对小组进行整体评价的同时，还需要对小组的每一位成员的优缺点进行有的放矢的评价，让每一个学生认清自己的优势与劣势，进而获得进步。

在数学教学中开展小组合作学习，是数学教育变革的一个趋势，是对数学教师的一种挑战，这就要求我们对小组合作学习模式进行深入的探究，改变学生的学习方式，推动学生的全面发展和进步。

三、初中数学课堂小组合作的有效策略

（一）合理组建小组进行小组合作、讨论交流

组建小组要考虑到学生的学习成绩、能力、兴趣爱好等多方面因素，按照"组间同质，组内异质"的原则编组，"组内异质"为小组成员内部互相帮助提供了前提，而"组间同质"为各小组间的公平竞争提供了保证。

（二）合理分配，各尽其责

俗话说"鸟无头不飞，兵无将不勇"，没有组长的组织和指挥，小组只是徒有其名，学生或迟疑不动，或盲目行动，不能进行较好的合作，因此，选拔一个组长至关重要，小组的其他成员也要做细致的分工，如记录员、报告员、资料员等，组长负责组织管理工作，记录员负责合作过程的记录工作，报告员代表小组报告小组学习情况，这样每个成员都有参与的机会，同时注意关照、配合小组内其他成员的活动。

（三）引入竞争，提高小组合作学习的有效性

教学中引入竞争，不仅能够使学生获得一些必要的数学知识，而且能够培养学生的合作意识、竞争意识、集体观念和创新能力。采取加分的原则，在黑板上方分小组公示，激发竞争，争取"量化分"，提高合作交流的有效性。

（四）研究目标、内容、方法

1. 研究目标

（1）探索初中数学课堂教学中有效合作学习的策略，包括教师组织指导策略、学生合作学习策略和合作学习过程调控策略等。

（2）提高数学课堂教学中合作学习的有效性，改变教师"教"和学生"学"的方式，发展学生的素质，促进学生科学文化、情感、态度等素质的提高，培养学生的合作意识、合作态度、合作精神和合作能力，使知识与能力，过程与方法，情感、态度与价值观得到整合。

2. 研究内容

（1）研究构建初中数学课堂教学有效合作学习的操作流程。

（2）研究实施初中数学课堂教学有效合作学习的若干策略。

① 初中数学课堂教学有效合作学习"合作小组运作"策略。

② 初中数学课堂教学有效合作学习"合作人际互动"策略。

③ 初中数学课堂教学有效合作学习"教师指导参与"策略。

④ 初中数学课堂教学有效合作学习"学生参与激活"策略。

⑤ 初中数学课堂教学有效合作学习"合作效果评价"策略。

3. 研究方法

本课题以行动研究法为主，以个案研究法、调查研究法、经验总结法、文献研究法为辅。

（1）行动研究法：针对课题研究不断提出改革意见或方案，并付之行动，在教学实践基础上验证、修正教育行为，充实或修改方案，提出新的具体目标，以提高研究的价值。

（2）个案研究法：运用这一研究方法，旨在通过对典型的个案追踪与分析，了解不同个性的学生在小组合作学习过程中的发展特点与规律。

（3）调查研究法：在研究前期、后期采用问卷形式进行调查，为课题研究提供科学依据。

（4）经验总结法：围绕怎样分组才最有成效这个问题，在实践中探索合作学习小组形成与发展的规律，将感性认识上升为理性认识，从局部经验中发掘其普遍意义，为课题研究提供理论与实践的经验。

（5）文献研究法：收集和学习有关本课题的文献资料和经验文章，为课题研究提供科学的论证资料。

（五）研究出实施初中数学课堂教学有效合作学习的五大策略

有效的合作学习，能够唤醒学生沉睡的潜能，让课堂教学充满生机和活力。

1. 策略1：初中数学课堂教学有效合作学习"合作小组运作"策略

在课题研究实践中，通过实验总结确定了合作小组运作的基本策略。

（1）"合作小组运作"原则——组内异质，组间同质

为了取得最佳的合作学习效果，教师应根据教学内容的需要，对班级学生按"组内异质""组间同质"的原则进行分组，每组学生人数以4～6人为宜，每个合作学习小组应由能力不同、性格各异的学生组成，为了使学生合作成功，还必须使学生在自己组内感到愉快，因此，组建合作小组前，教师应该熟悉和掌握每个学生的能力、个性和人际关系，应主动要求每位学生表明愿意和哪些同学在一起学习，分组时，教师应尽可能给予照顾，使每个学生都有情投意合的好伙伴，达成小组内部的有效合作。

（2）"合作小组运作"形式——形式多样，优化组合

目前，在语文、数学学科中，合作小组运作形式主要是异质分组，一方面便于发挥小组长的作用，另一方面便于在新授课或讨论过程中有差异的学生互帮互助，更便于教师分层次教学和个别辅导。

（3）"合作小组运作"模式——成员轮换，各司其职

在课题研究过程中，确立了小组分工合作的运作模式：成员轮换，各司其职（简称"轮班制"），在每个合作小组内设立组长、记录员、资料员、发言人各一名，组长负责组织、开展小组合作学习活动，资料员负责搜集学习资料，记录员负责记录本组的意见和观点，发言人负责代表小组汇报小组合作学习成果。

2. 策略2：初中数学课堂教学有效合作学习"合作人际互动"策略

建立融洽的人际关系是有效合作学习的重要前提，师生平等、团结友爱、彼此尊重、能者为师应成为我们共同的愿望，并付诸行动，使小组成员感受到大家同在一条船上，荣辱与共，从而在学习过程中共同合作，互相学习，取长补短，各尽其能，使师生之间做到"人人教我，我教人人"，把"官教兵，兵教兵，兵教官"的教风学风做到极致。

（1）情境激趣，这是进行合作学习的第一步，教师先创设情境，以激发学生参与学习的兴趣，产生内动力，然后组织学生讨论，让学生一起来呈现问题，教师加以具体化、系统化，明确学习的目标。

（2）任务驱动，根据所呈现问题的性质、难易程度，布置合作学习任务，明确合作学习职责，提出合作学习要求，通过"互相质疑，合作解疑"的形式，在组内开展合作学习。

（3）合作共进，在组内合作的基础上，各组将讨论的过程及解决问题的方法派代表向全班做汇报，组间再相互质疑，使问题得到深化。教师要善于调控、注意引导、精要点拨，帮助学生克难攻坚。

（4）竞争激活，对同一问题的理解，或解决的方法，或学习效果可在组内交流，也可在组间展开竞赛、辩论，以增强合作学习意识，激活合作学习情感，巩固合作学习效果，提升合作学习质量。

（5）巩固合作，要使小组合作学习持续保持热度，在实际操作过程中，教师不能按部就班，要根据实际需要变化形式和优化组合，在组内、组间广泛展开讨论、

交流，使人人都能展示新观点、新思维、新方法，在落实"合作人际互动"策略时，学生要做到三个"学会"：学会倾听，学会沟通，学会解决冲突。争论的情境和气氛应是合作性的，而不是竞争性的，体现集体性与个体性的统一，大家在一起集思广益，充分听取每个人的意见，发挥每个人的创造性，最后找到解决问题的最佳方法，达成教学目标。

3. 策略3：初中数学课堂教学有效合作学习"教师指导参与"策略

课堂教学有效合作学习要准确地给教师角色定位，变教师与学生之间原有的"权威—服从"关系为"指导—参与"关系，在合作学习过程中，教师要充当"管理者""促进者""咨询者""合作者""参与者"等多种角色，旨在促进整个教学过程的发展，使学生与新知之间的矛盾得到解决，因此，最终将教师与学生之间的关系锁定为"指导—参与"的关系，学生在教师引导下自主地发现问题、探究问题、获得结论，让学生真正成为数学课堂的参与者。这就决定了学生在活动中的主体参与地位。培养学生学会学习、自主学习、学会成长，教学过程中教师一定要让学生独立思考、大胆尝试新知，凡是学生能独立发现的知识，教师决不暗示，包办代替，要尽量给学生多一点思考时间，多一点活动余地，多一点表现自己的机会，多一点尝试成功的欢乐，让学生自始至终参与到知识形成的过程中去。

4. 策略4：初中数学课堂教学有效合作学习"学生参与激活"策略

在合作学习的过程中，让学生保持持续的参与热情，是有效合作学习取得成效的重要保证。激活学生的参与热情的有效策略有以下几个方面。

（1）用情境化的问题去吸引学生参与

学习离不开具体的情境，情境的创设要与具体的学习内容结合起来，符合学生的心理特征，如一张图片、一个场景、一个故事、一个童话、一次竞赛等，在适当的情境中，学生对学习就会兴趣盎然，学习过程充满乐趣，促进学生以主人翁的态度投入到合作学习中去，合作学习就会成为学生的一种自觉行为，课堂教学的有序高效就有了保障，整个课堂活动的推进将水到渠成。

（2）用生活化的情境去驱动学生参与

在课堂教学中，把生活中的内容引入到课堂中来，与学科中的学习内容结合起来，让学生进行探讨和解决，打通课堂与学生现实生活的通道，学生才会在更为宽广、更为真实的层面上去感悟知识的真正价值，学生的学习积极性和参与热情才会油然而生、随之而来。

（3）用挑战性的思维去激励学生参与

争强好胜是很多学生共同的特点，数学中的一些发散性问题具有挑战性，往往对他们很有吸引力，若有目的地对课本知识进行适当拓展，对测试试题进行适当引申，对关联知识进行合理收集，往往能引发学生表现出异常激奋的探究状态，并为之付出努力，一旦取得成功，他们将体会到无比的开心和自豪，并不断激励自己向更高的层次迈进。

（4）用情感化的人格来感化学生参与

课堂教学中，教师与学生不仅仅是语言的交流和思维的碰撞，更是一种心灵的接触，情感的互动，教师用热情、真诚、宽容、睿智、幽默去感化学生，能增强教学活动的吸引力，优化师生的情感关系，提高合作学习效率，教师不仅仅是课堂学习活动的调控者，同时也是整个课堂情感氛围的调控者，不仅仅只关注知识的进程，而更多的是应关注学生的感悟、感受，师生情感交融，心灵对话，在他们的表情上、眼神中、内心里洋溢着幸福，让课堂教学充满活力，让合作学习充满快乐，并始终处于一种愉悦的情绪之中，以求取得更好的教学效果。

5. **策略5：初中数学课堂教学有效合作学习"合作效果评价"策略**

（1）明确评价原则，形成新的格局

本课题中的"有效合作学习"把"不求人人成功，但求人人进步"作为课堂教学评价的新原则，并作为教学评价的最终目标和衡量尺度，在此原则之下，力求把个人之间的竞争转变为小组之间的竞争，把小组总成绩作为奖励或认可的依据，形成"组内成员合作，组间成员竞争"的新格局，这样有利于学生走出恶性竞争的怪圈，实现教学评价的科学化。

（2）师生多元评价，体现过程发展

在合作学习的实践中，我们采用"学生自评、组内互评、教师点评"相结合的多元评价方式，每次合作学习结束，分别由本人、小组长、教师填写，这种评价既重视结果，又重视过程；既有小组交流学习的结果，又有成员之间的合作情况，充分体现合作中的情感、态度和价值观，这是一种多途径、多维度、多元化的评价，能真正体现学生的学习、交流过程，能激发学生合作学习的欲望，符合过程性评价和发展性评价原则。总之，小组合作学习有效的实施不是一朝一夕就能够达到的，要通过一点一滴的积累，真抓实干的努力，把小组合作学习真正落到实处，使课堂焕发生命的活力，才能让学生真正成为学习的主人，并逐步走向成功。

第四节　教学方法的选择与师生互动

一、教学方法选择的要求

（一）注重数学课堂教学的有效性

首先，数学是思维的体操，是自然科学之父，它与我们的生活密不可分，为了调动学生学习数学的积极性，教师可以结合具体的教学内容，从学生的认知规律出发，联系学生的生活实际，把"活"的知识教给学生，以此来激发学生学科学、用科学的主动性和自豪感；其次，重视概念、公式、定理的教学，数学概念、公式、定理是数学思想、方法的来源，要重视数学知识的产生和发展过程；最后，强化学生运算技能的培养，作为普通初中的数学老师，笔者深深感到学生运算技能差，比较复杂的有理数运算、解一元一次方程和一元二次方程以及式子恒等变形等方面都是学生学习的薄弱环节，数学运算看似简单，却极大地影响着学生数学成绩的提高，埋怨没有用，只有面对，并采取切实的措施应对，努力提高学生的基础知识和基本技能才是上策，在数学课堂教学中，要提高学生在课堂45分钟的学习效率，必须在教学策略上下功夫。

（二）充分调动学生学习的主观能动性

数学课程标准对各个特定阶段（如初中、高中）学生数学学习目标做了明确的规定，教师要始终围绕着这个标准精心设计教学内容，在教学过程中，教师应自始至终让学生唱主角，使学生变被动学习为主动学习，让学生成为学习的主人，而自己成为学生学习的领路人，从数学概念的掌握，到准确迅速运算能力、空间想象能力、数学思维能力和逻辑推理能力的培养，都必须经过教师的耐心训练和学生的积极参与，通过师生互学、生生互助，不断发现问题，研究问题，让学生在长期的数学学习中不断强化自己的专业技能，提高自己的思维能力和操作能力。

数学具有高度的抽象性、严密的逻辑性和广泛的应用性，数学学习必须要有较强的思维能力、记忆能力、分析问题和解决问题的能力，这就要求学生要静下心来刻苦钻研，要有学习的信心和勇气，坚持不懈、持之以恒地去学习、去探讨，学习才不会枯燥乏味，才会生动有趣，同时，教师在讲授时要注意教学方法，要突出重点、化解难点，每一堂课都要有一个重点，而课堂的教学都是围绕这个重点来逐步展开的，教师要通过声音、手势、板书等的变化或应用模型、投影仪等直观教具，甚至用多媒体的教学手段，采用形象直观的教学刺激学生的大脑，使学生的思维活动兴奋起来，让所学内容在大脑中留下深刻的印象，激发学生的学习兴趣，提高学生对新知识的接受能力。另外，对学生在课堂上的表现，要及时加以总结，不断给予鼓励，调动学生的学习积极性，充分发挥学生的主体作用。

切实重视数学基础知识、基本技能和切实有效的学习方法，在课堂教学中教师要结合教材内容渗透数学思想方法，培养学生的综合运用能力，例如，数学中的类比归纳与类比联想是数学思维训练的两大重要思想，在中学数学教材中主要表现为数形结合的思想以及配方法、换元法、反证法等，这些基本思想和方法分散地渗透在中学数学教材的各章节中，在平时的教学中，教师要在传授基础知识的同时，有意识地渗透基本数学思想，帮助学生掌握科学的方法，从而达到传授知识、培养能力的目的，只有这样，学生才能灵活运用数学基础知识和基本技能，提高解决实际问题的能力。

（三）运用科学的教学手段辅助教学

中学教学新课程标准明确指出，"要培养学生的逻辑思想能力和空间想象力""要通过直观教学，实验实习，动手动脑，引导学生在感性材料的基础上理解数学概念，进行判断推理"。数学教学中检验教学效果的有效办法就是测验、讨论和答题，对知识的考查侧重于理解和应用，尤其是综合知识的灵活应用，可以检测学生基本概念的掌握情况，基础知识的应用情况，空间观念的建立、基本技能的掌握、知识迁移能力等综合情况，其目的是查漏补缺，规范教师的教学行为，不同的高考试卷，都表现出一个共同特点，即通过对新信息、情境的设问，在知识交汇处设计试题，检验学生的知识创新能力。

（四）教学相长，学以致用

在数学教学过程中，如果教师将教学内容设计得面面俱到，讲授过程自然流畅，设计的问题和悬念坡度太小，没有给学生留下跨越"障碍"的空间，学生无须花多少工夫即可将所学内容一蹴而就，那么就会使许多有价值的内容在不经意间滑过，难以引起学生的重视，所谓"教不越位，学要到位"就是这个道理。

二、创建师生互动的数学课堂

（一）巧妙质疑，引起学生的兴趣

"学而不思则罔"，学与思有着密切的关系，学习就是质疑、解惑的过程，教师在数学教学中要有意识地设置一些疑问，使学生先感到无处下手，"前途迷茫"，然后激励他们"拨开乌云见青天"，当学生见"青天"后，就会获得成功的体验，这种体验又能提高他们对学习的兴趣，巧妙地质疑设问，能引起学生思维的积极性，碰撞出思维的火花，有利于师生互动。

（二）巧设数学"陷阱"，让学生"顿悟"

数学里有很多"陷阱"，设计"陷阱"题，让学生吃一堑长一智，在教学中有的知识点十分重要，但教师有时强调多遍学生还是不注意，这时，教师在设计练习时，就可以有意设一些"陷阱题"，让学生"上当受骗"，加深对知识的认识和理解，提高审题和解题的能力，激发互动。例如，$(m-1)x+2(m+1)x-m+3$ 的值恒为正或恒为负时，x的值分别为多少？要考虑二次项系数。又如，关于x的一元二次方程 $x^2+(m^2-4)x+m^2+50$ 的两根互为相反数，求m的值，要考虑到"Δ"陷阱的情况。

（三）设计"开放题"，让学生集思广益，充分互动

在数学学习中，教师的"教"和学生的"学"都应当是开放而多样的，因而教师在设计课堂练习时应尽量减少指令性的成分，让学生去假设、猜想、验证，开放性的练习更富有挑战性，更能激起学生潜在的好奇心和好胜心，使他们的思路更广

阔、灵活，如在教了根与系数的关系后，求一个一元二次方程，使它的两根是-3和4。

（四）设计互动问题

为了避免互动的"疲劳"，能真正让学生动起来，设计互动问题时要注意以下几个方面：

1. 设计"坡度问题"，让学生循序渐进地互动，感到互动不是太难

数学教学中要求教师设计合适的具有一定坡度的练习题，帮助学生进一步巩固他们所学的基础知识，使他们得到循序渐进的发展，因而教师设计的练习题的难易程度就显得十分重要，教师要了解学生的学习状况，让他们"跳一跳能摘到果子"，这样的"坡度问题"的设计才算合适。

2. 设计"对比问题"，让学生明辨是非，对有讨论性的问题进行互动

在数学知识的教学和实践中，我们会发现许多数学知识非常相似，但又有区别，学生对这种相似与区别理解起来十分困难，教师要想办法设计对比性的题型让学生辨别，通过辨别来区分这些知识的不同之处。

3. 设计"趣味问题"，让学生对互动"乐此不疲"

一节45分钟的课对学生来说，要他们从头到尾都能集中注意力是十分困难的，心理学研究表明，学生在一节课中注意力比较集中的通常在前二十几分钟，教师就应"投其所好"，设计一些具有"娱乐性"的趣味题，激发他们的学习兴趣。例如，在教学有理数计算题时，我把机械的训练转化为"欢乐大比拼""勇攀高峰"等竞赛练习形式，学生在玩中互动，兴趣变浓了，参与度也高了，消除了思维的疲劳，提高了教学效率。

（五）巧妙运用数学史、数学家名人轶事、数学故事激发学生互动

在课堂中引入数学史、数学故事、数学家名人轶事是数学教学中互动的常用方法，不仅能活跃课堂氛围，而且能使学生轻松愉快地学到很多的数学知识和人生哲理。

（六）采用多媒体教学，给师生互动搭建平台

随着科学技术的发展，多媒体在数学教学中得到了广泛的运用，教师可以通过图片、动画、影音等创设情境，再现事件的发生过程，与学生互动，激发学生学习数学的兴趣。

（七）利用教材创建互动课堂

数学教科书增加了数学文化史、数学建模等方面的内容，教学内容生动、易懂，且贴近学生，易激发学生探究的兴趣，遇到此类型的课，我们常将它们留给学生进行探究，让学生互动，以达到培养学生的自学能力的目的。

（八）利用图书资源中的中考题激发学生互动行动方向

为改变过去课程实施过于强调接受学习、被动机械学习的状况，倡导学生主动参与、乐于探究、勤于动手，培养学生搜集和处理信息的能力、获取新知识的能力、分析和解决问题的能力以及交流与合作的能力，鼓励学生利用课外活动和休息时间积极到学校的图书室借阅数学书籍，查找近几年中考题中涉及的现阶段所学的内容，激发学生的积极性，增强他们互动学习数学的热情。

（九）让学生建立"错题本"，提高互动的针对性

错题能给学生以挫折教育，引起学生重视"吃一堑长一智"，提高反思的实效性，对提高学生的数学学习水平和数学感悟能力大有裨益，对每一次作业的错题、考试的错题，让学生用一个本子搜集起来，师生定期进行互动探讨，从而提高学习效率。

（十）利用"反思"提高课堂教学互动的实效

数学反思能力就是认知者在数学思维活动中对自身数学认知过程的自我觉察、自我评价、自我探究、自我监控、自我调节的能力，它是以反思的体验、反思的知识和反思的技能为基础，并在数学认知过程的评价、控制和调节中显示出来的高层次思维活动，在教学活动中师生共同进行反思，实现高效课堂师生之间的充分互动。

第三章　初中数学教学技能

教学技能是指运用专业知识、哲学、教育学、心理学等的有关知识及教学经验，促使学生有效学习的多种行为方式组合。教学技能对外表现为成功地、创造性地完成既定的教学任务，卓有成效地达到教学目的和获得有效的教学方法；对内表现为保证完成教学任务的知识、技巧、心理特征和个性特征的功能体系，是教师的个性、创造性与教学要求的内在统一。

第一节　课题引入与课堂提问

一、初中数学课堂中的课题引入

（一）适当地借鉴课本中的课题引入

中学数学课本的每一章节中，或多或少都有一些课题引入，这是很多学者专家根据教学要求和自己多年的教学经验，反复推敲得出来的。不可否认，这些课题引入具有科学性、规范性和严谨性，但也存在着一些不足。乡镇中学的学生，大多从小生活在农村，见识较少，所学知识均为书本知识，而课本中的一些引入比较现代化，脱离他们的生活，如人民教育出版社出版的七年级上册数学课本18页，有理数的加法这一节开头提出的一个关于踢足球的问题，很多乡镇中学的学生根本没有条件踢足球，更不知道什么叫"净胜球"，这样的背景让学生感到迷茫而生疏，还可能让学生感到自卑，对于这类脱离乡镇中学学生生活的课题引入，教师可以稍微做一点变通，如将上述问题改为打篮球的问题（学生一般都打过篮球），就比较适合学生的实际情况，对教学也会有很大的帮助，经过创改后，学生多数都能理解并能进行有理数的加法运算，效果非常明显。

近年来考试提倡知识来源于课本，也要回归课本，历年来的中考和高考也印证了这一点。适当地借鉴课本中的课题引人，从另一方面来说有助于跟上出题人的步伐，但这里的"借鉴"，并不是一味地"借用"，教师在教学中应认清学生的特点，尽量将书本上的课题引入加以研究、分析和改变，使之变为乡镇中学的学生生活中常会遇到的问题，这样的课题引入才能被学生所接受，也才能达到课题引入的真正目的。

（二）以类比旧知识的方法引入新课

客观事物之间总是相互联系的，它们往往有许多共同点或相似之处，而数学是一门知识性、逻辑性很强的学科，数学教材的编排是按照由浅入深、由易到难的原则进行的，新知识是在旧知识的基础上深化和加工的，因此，在教学过程中，我们把已经学习过的知识，引入新课的学习内容，通过类比，建立"旧知"和"新知"的联系，让学生对知识结构有更清晰的认识和把握，有利于学生了解到新内容是旧知识的深入和提高，也就是我们常说的复旧迎新，这样有利于培养学生的归纳、分析、总结等思维能力。乡镇中学的学生大多没有预习和复习的习惯，采用类比旧知识的方法引入新课，更容易被他们接受，例如在教学"一元二次方程"时，可先引导学生复习一元一次方程的概念和特点，然后再写出几个一元一次方程的式子，让学生根据一元一次方程的概念和特点，类比总结出一元二次方程的概念和特点。这样进行教学符合乡镇中学学生的特点，在类比的过程中，学生通过探究，既巩固了一元一次方程的相关知识，又获得了新知和成就感，更能提高他们学习的兴趣，激发求知欲，真正达到"温故而知新"的效果。

对于乡镇中学的学生而言，中学数学是较为枯燥且抽象的一门课程，他们之所以这样认为，是因为对数学没有一个系统的认识，大脑里没有一个整体的框架。作为教师，除了教学外，还应该帮助学生建立这种数学的框架，而"以类比旧知识的方法引入新课"就是一个很好的办法。俗话说"授人鱼不如授之以渔"，用这个方法不仅能教会学生知识，更能教会他们获得知识的工具——"类比法"，"类比法"的掌握能让学生在以后的数学探究中得心应手。

（三）让学生动手实践引入新课

"实践是检验真理的唯一标准。"这句话在中学数学教学中同样适用。听来的总不是自己的，只有自己动手实践，发现其中的规律，印象才深刻，才能把听来的转化为自己的。乡镇中学的学生动手能力差，依赖性强，自觉性差，喜欢一味地听，在数学教学中，教师更应该注意学生这一特点，有意识地安排一些动手实践的课题引入。在引入新课的同时，培养学生的动手能力和分析能力，中学生上课容易走神分心，让学生亲自动手实践，有助于学生集中注意力，提高学习兴趣，形成良好的学习氛围。例如在讲解乘方的时候，可让学生拿出纸动手实践，先对折两次，量量有多高；再对折四次，量量有多高；再对折八次，量量有多高（这时对折已经很困难了），最后让学生讨论"一张足够大的纸，对折五十次后有多高？"学生讨论不出结果，教师便自然地引出乘方，帮助学生解决这一问题。这样教学既达到了引入新课的目的，又锻炼了学生的动手实践能力，提高了学习兴趣，有助于学生养成动手实践的好习惯。

（四）设置悬念引入新课

中学生正处在对任何事物都倍感好奇的年龄阶段，乡镇中学学生的这一特点尤为突出，教师可抓住这一心理特征，在讲新知识之前，有意识地设置一些问题悬念，让学生带着问题和目的听课，这样教学更能让学生集中注意力，接受知识的效果甚至会超过预期，达到真正的活学活用，进而提高教学效率，完成教学任务。例如讲解排列组合的隔板法时，先让学生解决这样一个问题：把四本相同的书分给三位同学，每人至少一本，有多少种不同的分法？学生能用枚举法解决，然后提出问题：把二十本相同的书分给三位同学，每人至少一本，有多少种不同的分法？由于数字太大，学生无法用枚举法一一举出，由此产生疑问，留下悬念，学生为了解决这一问题，便会认真地听课，最后掌握解决这一问题的方法，并且对这一方法有深刻的印象。

二、初中数学课堂教师提问之"五要"

（一）指向要明确

课堂提问是有计划的活动，因此，教师在提问前必须对问题的目标、结果有清晰的认识。每提一个问题都有它的指向——为什么要问，教师心中要有数，问题是关注学生的思考、反馈、启发中的哪一个方面，是为了完成三维目标中哪一个目标。教师也不能在课堂上随意发问，有时教师自己都不知道提这个问题做什么，有什么目的，问题的准确表达直接关系到学生的思维方向，将影响师生的互动，也影响学生回答的质量。

如何才能让提问指向明确呢？这就要求教师要钻研教材，弄清三维目标和教材编写的目的，你自己加的习题或作业题的作用是什么，这样做到心中有数，在实际教学中才会有的放矢；还要认真预设，虽然说课堂是动态的课堂，课堂上的情况随时都在变，但只要教师做好充分的预设，就可以很好地对应。好的问题可以激活学生的思维，进而产生创造性思维。

（二）内容要适度

课堂教学是围绕教学内容开展的，因此提问也要反映到内容上。是不是课堂提问越深越好呢？在讲初中知识的时候是否把高中甚至大学的知识也教给学生？例如在讲不等式的时候扩展到一元二次不等式，把穿针引线的方法都介绍给学生，这作为兴趣拓展是好的，但在课堂提问时就没有必要了。那么课堂提问就需要教师把握好度，什么时候扩展知识，什么时候加深难度，什么时候提高难度。例如，已知直线与直角坐标系的交点坐标是（1，3），（2，5），求直线解析式。这是一道最常见的求直线解析式的题，如果这道题只到这里，就没有深度和广度了，这时可以追加两个问题："当x取何值时，y的值是9""当x取何值时，y的值大于9？"第一个问题把一次函数与方程结合，第二个问题把函数与不等式结合在一起，这道题既加深了难度，又加深了广度，这样让学生的思维更上了一个台阶，理解知识之间是相互融合的，并不是孤立的，使得学生在学知识时找到知识的综合点，这样才不会局限于一个知识点上。

（三）时机要恰当

提问的关键在于知识的诸多"点"上，这些"点"是思维产生碰撞、学习过程得以升华、新旧知识碰撞火花的起点，根据问题的难易掌握好火候，在知识的重难点处、关键处、联系点等诸多"点"处适当加以引导，对学生的思维加以点拨，使学生更加明确知识的诸多点；对知识的纵横联系加以梳理，使学生所学的知识更加系统化，便于学生掌握。

（四）方式要灵活

数学课堂提问不是为了提问而提问，或是流于表面形式。教师在课堂上呈现多种方式可以促进学生的思维，可以根据实际教学情况采用设置悬念、连续追问、链接问题等多种方式。凯勒的ARCS理论展示了这样的过程：在实际的教学中，为了激发学生的学习动机，首先要引起他对一次学习任务的注意和兴趣，再使他理解完成这项任务与他有关联性，接着要使他觉得自己有能力学会学好，从而产生信心，最后让他体验学习结果所带来的满足感。在课堂提问时利用悬念，可以引起学生的求知欲和注意力，将问题转变为一个个待解决的谜团，提高学生的参与性，让学生进入"心求通而未得"的境界。学生有了关注度，才可以促使学生去学习，形成学习的内动力，并为此体验成功的喜悦感。

（五）对象要广泛

学生学习的外在自然环境与其内在的精神环境是一致的。平等的学习空间融合课堂教学环境营造出来的宽松、愉悦氛围，这是学生最需要的外部空间。学生在宽松、快乐的学习氛围中，心态才能得到自由，思维才能更好地施展。如果教师没有给学生创造好的外部条件，就无法调动学生情绪高涨的内部状态，只能引起学生冷漠的心理状态。因此，教师要时刻把教学过程看成是与学生共同学习、互相帮助、共同进步的过程，充分给学生自尊与自信，与学生建立民主的关系，使学生的身心都处于兴奋状态，愉快地投入到课堂学习中。课堂提问要让学生身心愉悦，就要使提问的对象具有广泛性。广泛性有两层意思：一是每个学生的机会均等，二是不同层次的问题要面对不同思维水平的学生。在实际操作时，虽然教师进行了充分的准备，但在课堂上往往提问自己喜欢的或是优秀的学生，没有考虑到大多数的学生，或者是同一个问题问了很多学生，看似公平，其实没有考虑问题的难易程度，也没有考虑学生不同的水平。要杜绝这种情况，就要求教师充分地了解学生的兴趣、基础、爱好、思维水平、家庭因素、性格特征等基本情况，在教学设计时就预设这个问题是哪个层次的学生回答，甚至预设好叫哪位学生回答，这样就不会出现上述问题了。

当然，在教育教学中还有其他不同的提问方式，但不管采用何种提问方式，都是为教学服务的，教无定法，学无止境，因材施教，从课堂、学生的实际情况出发，才能使课堂有效，从而提高课堂教学效果。

第二节　例题处理与有效反馈

一、初中数学教材例题处理策略

（一）讲"到"目标

每一个数学例题在选取或设计时都应有与其功能相匹配的目标，游离于既定教学目标之外的例题教学是不可取的，因此，教师讲好例题要紧扣目标。有些例题的目标是显性的，但有些例题的目标是隐性的，并不清楚或明显，需要教师给予解读，将隐性目标显性化，最好就是对目标给予说明，这样学生就会有针对性和有重点地参与例题的教学。对例题目标给予说明往往在展示例题之时，并且很简短，教师的语言类似于"接下来，为了……我们一起来看这样一个问题""下面，我们一起来解决这些例题，通过这些例题，同学们要理解（掌握）"。由此看出，教师对例题的目标的"讲到"，并非多讲，只需点到、提到即可。

（二）讲"清"题意

顺利解决例题的第一步是看清题意，即我们常说的审题，通常的时机就是在给出例题之后的最短时间内，教师要面对全体，引导学生思考并讲清题意。这里的"讲"包括教师的"讲"和学生的"讲"；而所谓"清"，即清楚、清晰而不含混。讲清的要点包含：①题目的条件是什么，一共有几个，其数学含义如何；②题目的结论是什么，一共有几个，其数学含义如何；③题目的条件与结论有哪些数学联系，是一种什么样的结构。

（三）讲"出"方法

在例题的教学中，找出问题解决的方法是关键，然而找方法的过程非常艺术化。教师首先要听学生讲，然后才是讲给学生听，在教师与学生"听""讲"的交替过程中，方法得以呈现。一般来说，教师对方法的"讲"主要是对学生的"启"和"导"，即采用启发性和引导性的语言，讲出学生的后续之音、弦外之音和合理之言；而学生的"讲"包括讲出思考中的困惑，讲出错误处的原因，讲出精彩点的道理。这里讲"出"方法就是要将方法呈现、凸现，讲到位。

（四）讲"通"思路

学生对例题的理解除了方法外，更为细致的是疏通解决问题的思路，而这一点正是学生实现知识生长、能力提升的关键点。当学生的解题思路出现各种问题时，教师要不失时机地把握关键点来讲解，使之畅通。一般来说，学生思路匮乏时教师要"引"，学生思路混杂时教师要"理"，学生思路受阻时教师要"疏"，学生思路短缺时教师要"续"，学生思路狭窄时教师要"拓"，学生思路绕弯时教师要"改"。

（五）讲"明"收获

例题教学中不可忽视的一个过程就是反思评价。在这个过程中教师或学生一定要讲明收获，这个收获包括与目标对应的预期收获，也包含生成性的意外收获，这些收获中可能有知识、方法、技巧、经验、情感等方面。值得一提的是，我们有时可能并没有获得什么明显的东西，仅仅是一种体验，但它也是教学中的一种经验或情感类的营养成分；有时例题中发现的新问题并没有彻底解决，但为后续的学习播下了一粒"种子"，这也是很有价值的收获。

二、初中数学课堂有效反馈策略

(一)对数学课堂有效反馈的认识

反馈,是控制论的重要概念,它指的是被操作物不仅按操作中心的指令活动,而且其本身的状态,还作为一种新的信号返回传入,使操纵中心对操作施以调节。课堂教学反馈,是特指课堂教学过程中,教与学双方的各种信息的相互传递和相互作用,它的输出和回授、增强和减弱、顺应和调节都始终贯穿于课堂教学的整个过程。教与学主体双方信息传递和回授都是有选择、有差异、有能动作用的。从信息论的观点看,整个教学课堂就是一个信息场,师生均处在教学信息场之中,整个教学过程就是信息流,信息的输出、传递、反馈、调节和再输出,不断交替。

美国心理学家加涅认为:"学习的每一个动作,如果要完成,就需要反馈。"控制论的创始人维纳曾说过:"一个有效的行为必须通过某种反馈过程来取得信息,从而了解目的是否已经达到。"有关的心理学研究表明:学生的心理和行为向预期目标发展,需要依赖反馈调节,教师有针对性地、及时地调节教学,学生积极参与自我评价等都可以很大程度改善学习进程。

教师作为教学过程的主导者,必须善于通过教学反馈来把知识信息的系统输出转变为系统输入,促使教学恰到好处地适合学生的学习水平,使学生对知识的好奇心理和探求欲望能够在自己设置的情境中被激发出来,顺利地按照目标要求形成学生的思维活动,从而呈现以教师为主导、学生为主体的相互作用、辩证发展的教与学的最佳状态。

数学课堂有效反馈就是在数学教学活动中,教师根据实际情况,利用不同的反馈策略,获取最高效的教学效果,达成一定的教学目标,并能让不同水平的学生的学习需要得到一定程度的满足而组织实施的数学教学活动。

(二)有效课堂反馈的特征

课堂反馈既是教学过程的重要环节,又是实施教学活动和完成教学任务的基本方式与重要手段。相关教育研究与实践表明,有的课堂反馈对教学不但没有起到促进作用,反而妨碍正常教学活动的顺利进行,这样的教学反馈低效或者无效,有时甚至有害。只有同时具备准确性、针对性、制导性、激励性、适时性、多样性、交互性等特征的教学反馈才能对教与学起到应有的促进作用。因此，探讨与认识有效教学反馈的这些特征，对于搞好实际教学工作具有重要的实践意义。

（1）课堂反馈要有准确性。课堂反馈的准确性是课堂反馈的最基本的特征，它要求反馈者和接受者发出的信息要准确一致，信息传播渠道顺利畅通。

（2）课堂反馈具有针对性。课堂反馈策略的选择要针对"教"与"学"的具体目标来具体实施，做到有的放矢。

（3）课堂反馈具有制导性。教师应该根据课堂反馈的信息及时调整自己的行为，避免可能出现的教学偏差，同时学生也要根据获取的反馈信息去制止出现一些与学习无关的行为，保证学习的顺利进行。

（4）课堂反馈具有激励性。有效的教学反馈应该具有激励性。其一是教师对照学生的学习状态，学生传递评价、启发、指导等反馈信息，让学生受到激励；其二是教师通过从学生处获得有关自己教学的积极反馈信息，激发自己工作的热情，从而使教与学相互促进，共同进步。

（5）课堂反馈具有适时性。著名心理学家桑代克通过实验得出这样的结论：在不知道学习结果的情况下，重复的次数与学习的结果无关。由此可知，及时地对课堂活动做出反馈，是提高课堂效率的重要保证；反馈时机的把握对于反馈能取得什么样的效果起着至关重要的作用。

（6）课堂反馈具有多样性。课堂反馈的形式多样，方法繁多，根据不同的目的、方式、特征等，可以有多种不同的分类方式。比如，根据信息反馈的主体可以分为教师反馈、学生反馈和同伴反馈；根据信息反馈的时间可以分为及时反馈和延时反馈。

（7）课堂反馈具有交互性。课堂教学反馈的交互性反映在多个层面上，它是师生之间，生生之间，师生与教材、媒体、教学手段之间的多向信息交互的过程，是优化教学过程、实现教学和谐统一的必备环节。

（三）课堂反馈的一般方法

1. 教师在备课的时候提前预设

对于一些学生在课堂上对知识的理解、技能的掌握、方法的运用等可能出现的问题进行提前估计，并有针对性地设计反馈策略，力争把问题解决在初发阶段，这样就能更好地发挥教师的主导作用，但同时要根据具体情况适时调整，不能被"预设"绑架，如果因为追求预设的结果而阻碍了学生思维的发展，这样的预设就得不偿失。

2. 教师在课堂中要善于观察，勤于捕捉

在整个教与学的互动过程中，教师要学会从学生的表情、眼神、动作中获取信息，从学生回答问题的过程中发现问题，并根据获得的信息及时调整教学行为。在这一过程中，教师要"眼观六路、耳听八方"，有针对性地运用多种反馈捕捉方法获取需要的反馈信息并及时矫正。例如，某老师在讲相似三角形的判定时，提出了一个难度不是很大的问题（需要用到"如果两个三角形有两边对应成比例且这两边所夹的角相等，那么这两个三角形相似"来判定），当老师让学生甲回答时，该生没有回答正确并且声音很小，老师没有给出评价，而是让她的同桌学生乙来复述，当学生乙回答完后受到了同学们的否定，此时学生乙脸色通红，并且很委屈地小声嘀咕："又不是我这样做的，是她做的。"正当老师准备进行集体评讲的时候猛然发现了学生乙的表现，该老师马上又请同学乙按照自己的思路回答该问题，并给予了肯定性评价（全班掌声鼓励），同时又询问了学生甲是否理解了刚才错误的原因，这之后老师发现这组同桌的同学尤其是学生乙明显挺直了腰很专注地一直认真听课。由此可见，好的课堂反馈与矫正方式不仅能帮助学生解决学习问题，满足学生知识上的需求，更能保护学生的自尊心，增强学生的自信心，培养学生的学习兴趣。

3. 在学生练习时多巡视，观察交流

练习题的书写过程是学生暴露思维过程的重要渠道。对学生暴露出来的错误，教师不仅要指出其错误所在，还要正确分析产生各种错误的原因，指出应该怎样纠正错误，并在下次作业中有意安排类似的练习，让学生及时矫正，同时要正确利用学生展示出来的正确的和错误的两种不同的资源，善于引导，帮助同学及时发现问题，找到改正错误的方法。

4. 提高教师课堂教学反馈的能力

（1）教师要提高课堂反馈的有效性，就要求教师把学生作为课堂的主体，充分体现学生的主体地位。

（2）教师在教学过程中要有教学敏感度，要注重培养自身的教学反馈能力。

（3）教师要不断地拓宽知识面，加强技能学习，增强课堂应变能力，灵活运用各种反馈形式，提高课堂效率。

总之，有效的课堂反馈能让学生的学习自信心倍增，学习的知识得到巩固，学习的能力得到加强，促进学生创造性人格的养成，能使学生及时了解自己的学习状况，促使学生自我调整课堂学习方式，真正实现知识的自主构建，实现高效能课堂教学。

第三节 作业设计与作业批改

一、初中数学作业设计的优化

（一）重视基础，突出针对性

任升录等说：作业的内容要重视基础性，教师在选择作业时应该把重心放在对当天所学的基本概念以及基本技能的熟悉和培养上，应该更多地从学生能否顺利完成作业这个角度来选取作业的内容。因此，无论多么优化的数学作业设计，其首要目的就是巩固新知，利于教师通过作业检查学生的学习情况，有针对性地调整教学策略。所以数学作业设计应紧扣教学目标，注重学生现有的基础，有针对性地设计作业的形式与内容；针对初中学生的性别、年龄、能力、基础、兴趣等方面的差异进行分层设计和分类设计，不能"另类"，不能"数学边缘化"。

（二）控制数量，讲究精练

现代研究表明，适量的数学课外作业不仅能检查课堂教学效果，弥补课堂教学的不足，加深学生对所学基础知识的理解、巩固和运用，而且还可以培养学生的探索能力、创新能力，同时还可以让学生体验知识的形成过程，形成科学的作业观。适量的数学作业是必要的，它不但不会增重学生的课业负担，而且还能激发学生的学习兴趣，作业量过少，不能达成教学目标，没有一定的量就不能保证一定的质；作业量过多，则易让学生陷入题海，产生厌学情绪。因此，在进行作业设计时，我们应该做到以下两个方面。

1. 合理控制数量

数学课外作业的设计数量一定要适当，不能过多，我们提倡少、精、新、活；尽量使用具有典型性、代表性、精要性的题目，避免出现机械性、重复性的题目，删除繁、难、旧、偏的题目。

2. 有效控制时间

课外作业的设计要提高针对性、实效性，注重"轻负高质"、劳逸结合，才能提升学生学习的兴趣和主动性，达到事半功倍的效果。研究表明，数学作业的时间不超过30分钟，比较受学生欢迎。

（三）分层设计，关注差异

从心理学的角度讲，学生的差异是客观存在的。霍华德·加德纳的"多元智能"理论启示我们尊重学生的个体差异，树立全面发展的作业观，树立个性化的作业观。因此，需要实行因材施教的教育原则，创设具有层次性的数学作业，让每个学生都能体验成功的喜悦，激发每个学生的创造潜能，获得他们能力范围内应该得到的数学知识。在设计课外作业时，我们应做到以下两个方面。

1. 作业量分层

老师应根据不同学生的学习能力、知识水平、意志品质设计不同数量的作业。

2. 作业难度分层

在课外作业的设计中，我们一般分为三个层次：A层，针对班上数学水平较差的学生，以基础知识和基本技能为主；B层，针对班上数学的中等生，除了夯实基础外，还自主选择一些富有挑战性的作业，适当拔高；C层，针对班上的数学尖子生，注重自主选择，作业设计突出探索性、创造性、实践性和数学思想方法的渗透。

（四）形式多样，注重开放

传统的作业形式单一、封闭、机械重复，严重扼杀了学生的学习兴趣和探究创新能力，新课程标准强调以人为本，强调人的全面发展和个性发展，因此，课外作业的设计也要突出多样性。设计自主性作业，可以彰显学生个性；设计趣味性作业，可以激发学生学习兴趣；设计合作性作业，可以提高学生合作交流能力；设计探索性作业，可以培养学生创新能力；设计开放性作业，可以激发学生的创新热情，开发学生潜能。

（五）贴近生活，彰显应用

教育家卢梭认为："数学应让学生从生活中，从各种活动中进行学习，引导学生直接从外界事物和周围事物环境中进行学习，同学生的生活实际相结合，从而获得有用的知识。"《义务教育数学课程标准（2011年版）》指出：初步学会在具体的情境中从数学的角度发现问题和提出问题，并综合运用数学知识和方法等解决简单的实际问题，增强应用意识，提高实践能力。新课程标准还把应用意识和创新意识列为新课标的核心概念。这就要求数学作业设计应从学生的身心发展特点出发，切入学生的生活经验和已有知识，通过数学活动，能使学生从周围熟悉的事物中学习和理解数学，体会到数学就在身边，感受到数学的作用，从而对数学产生亲切感，更多地关注数学知识本身在实际生活中的应用。

总之，在数学作业设计过程中，教师要不断提高自己的专业知识水平；重视课外作业的优化设计，注重作业的基础性、差异性、精练性、趣味性、多样性；科学把握数学课外作业的量与度，设计具有层次性、生活性、探索性、合作性、趣味性、开放性的课外作业，最大限度地激发学生的学习兴趣，开发学生的潜能。这样才能使"轻负"和"高质"完美结合，才能真正达到我们开展素质教育的初衷。

二、初中数学作业批改方式

（一）作业批改由"量的批改"向"质的批改"转变

大量重复地批改作业，已经不适应当今的教育实际了，老师必须从紧张重复的机械劳动中解放出来，有重点地关注学生，对重点作业进行"精细化"批阅，实现作业批改质的突破。同一类别的学生作业，可以选取部分典型，进行"精细化"地"耕作"，以点带面，四两拨千斤，让精良的作业批改起到带动全班的作用。典型作业的选取，可根据老师的实际情况进行。

（二）作业批改由"批阅对错"向"批阅思维"转变

新课改以来，培养学生创新能力成为今天的重要任务，依据《义务教育数学课程标准（2011年版）》的最新解释："数学课程还要特别注重发展学生的创新意识。"这种创新思维除了展现在课堂上以外，大部分创新思维的闪光点都出现在学生的作业本之中，这就要求教师在作业批改中一定要彰显出对学生思维的关注，这也自然对目前的批改方式提出了挑战。如果批改作业时还是以标准答案进行对错评估，那么很多思维的火花就会被抹杀掉，因此，教师必须转变自己的作业批改方式，要注重批阅学生解题的思路、方法，对那些方法新颖、思路独特的作业，我们在批阅时要给予肯定，并指导学生按照自己的思路解决问题。可以说，注重学生的思路、方法，对学生的成长有深远影响。

（三）作业批改由最终的"等级判定"向"人文关怀"转变

学生一篇作业的好坏，老师最终可以用A，B，C来表示，得A的学生，正确率高，但做题的方法和思路也许并不简洁；得B的学生，正确率不高，字迹也可能不太规范，但或许有其思维的闪光点。这决定了我们的作业评价，既要体现出对学生思维方法等智力因素的评价，更要体现出对学生情感等非智力因素的关怀。"要关注学生数学学习的水平，更要关注他们在数学活动中所表现出来的情感与态度"，老师的评语一定要与学生的实际生活贴近，走进学生的内心世界，同学生一起体验做题的喜怒哀乐，这样才能让学生从我们的作业批阅中收获更多，体会更深，老师切不可让自己的评语古板、严肃、高高在上。

第四节　学习评价与资源利用

一、学习评价的特点

（一）对学习的评价

对学习的评价主要有以下几个特点：

一是规范性。对学习的评价是依据一定的目的，按照计划去收集评价的材料和信息，有相对固定的时间和地点，评价的内容与标准是确定的、统一的，并且由专门的机构和人员来组织实施（一般是由教师进行组织，教师是最为直接的评价主体）。对学习的评价具有规范性，也就有较强的可操作性，因此在教学中具有较为广泛的应用性。

二是客观性。在对学习的评价中，把学生或学生的学习看作被考查的客体。评价过程与学习过程不是同步的，而且是相互独立的，评价在于学生的学习过程，评价者常常是以"旁观者"的身份来考评学习者，评价的内容主要是那些可以言明的结构良好的知识（如基本知识与基本技能）、外显的操作和表现。

三是管理性。对学习的评价主要是为教学管理提供服务，评价是一种为教学决策收集、提供信息的过程，其目的是甄别教学的有效性以及调整和改进教学过程。为了便于比较和分出等级，评价常常是以"分数"的形式给出，在实践教学中，由于过分强调评价的管理功能，给分数以"崇高的地位"，使得"在评价过程中常常有这样的现象，只有在最后看到分数后，评价者和被评价者的心中才会踏实，有时甚至把教学评价等同于分数本身，而将教学评价内在所固有的目的和功能完全置于脑后"。

四是封闭性。对学习的评价是按统一的标准、统一的内容、统一的方式进行的，从而在评价中演绎出的只能是那些已经设定好的价值，即评价只能对那些已有的价值进行判断，"它只是对那些给定的价值和给定的效用的陈述或记录"，而评价本身不能产生新的价值。此外，评价所体现的是评价者的价值取向，而忽视了学习者的价值取向，因此，对学习的评价具有一元性（只体现评价者的预定价值）、单向性（只是评价者对学习者施加影响）和封闭性（只揭示价值而不产生价值）。

（二）为学习的评价

为学习的评价具有以下一些特点：

一是融合性。为学习的评价是基于学生学习过程的评价，强调评价与学习的相互融合，强调评价过程和教学过程的共时性和同一性，"教学与评价不可分离，评价伴随于整个教学的全过程"，评价所考查的不是学习过程中的某一些点，而是一个连续不断的过程，在实践教学中，通过对学生当前学习的即时评价、即时反馈、即时引导，使学生及时知道自己的学习与所期待的学习目标之间的距离，"明白自己在达到标准的过程取得的进步以及如何深入学习"。评价中的这种融合性使得所设定的教育价值较为容易地转化为学生所追求的学习价值，从而通过评价可以产生一种持续的、较为持久的学习动力。

二是多元性。为学习的评价涉及学习的方方面面，不但对学习过程中的学习结果给予及时评价，而且更加关注对过程性目标的评价；不仅要考查学力的显性侧面——知识、技能的维度，而且要考查学力的隐性侧面——思考力、思考方式以及动机、态度、价值观，"评价者要尊重被评价者的个体差异，用积极的眼光，从多个角度或方面去审视被评价者，发现其优点和长处，使其体验成功的乐趣，让其在自尊、自信中不断发展"。评价中的这种多元性提高了评价的针对性，使得评价在关注学生个性发展的过程中发挥了护理、支持和强化学生学习的作用。

三是参与性。为学习的评价强调学习主体同时也是评价主体，不论是英国的"学习性评价"，还是日本的"教学与评价一体化"，均强调学生的自我评价与学习小组评价。在学习过程中，要求学生不断地进行自我回顾、考察和反思，使他们"认识所要达到的目标，懂得自我检测，能够从检测中找到可供进一步学习的指导性信息并反馈于自己的学习""教师和学生通过分享评价过程，在课堂中建构反思性的学习文化和评价文化"。这样，学生在学会知识的同时也学会了评价。

（三）学习内评价

学习内评价具有以下三个本质特征：

第一，学习内评价是学习本身所固有的基本性质。一方面，学习的对象——知识、经验、技能、态度、情感等是评价的产物，知识的意义是在比较中产生的，经验是在说服自己的过程中形成的；另一方面，学习本身就具有评价的性质与要求。皮亚杰曾指出："学习是一种通过反复思考招致错误的缘由、逐渐消除错误的过程。"加涅也强调说，"学习的每一个动作，如果要完成，就需要反馈"，这里的"反复思考"与"反馈"就是一种评价活动，因此，评价是学习的一个内在性质，是成功学习的应然需要和必然要求。此外，学习内评价的标准不是外摄的，而是由学习自身提供和生成的，即由知识的性质、学生认知发展的特点以及学习本身的特点来决定的，并且是在学习过程中由于学习自身的需要而产生的，并且在评价的过程中生长着，"是与判断一起改善的"；好奇心的满足、知识意义的成功构建、学习的乐趣本身就是学习的报酬和奖励。

第二，学习内评价是学习活动的有机组成部分。由于学习内评价是学习活动本身固有的评价，它伴随学习活动过程而产生和进行，因此它是在学习活动之中的评价。例如，在"导学讲评式教学"中，学生在学案的引导下，通过自主学习之后，在班上讲解自己对所学知识的认识与见解，班上同学对其讲解各自发表自己的见解，教师在学生评说的同时也参与并进行点评，通过师生的评析过程，使讲解者原先正确的认识得以固化，错误的认识得以矫正，从而获得知识意义的正确认识。在学习内评价中，强调评价与学习的相互融合，评价者与学习者的相互融合，可以说，学习活动就是评价活动，而评价活动也是学习活动。学习内评价不是完成某种任务，而是一种持续的过程，它是学习活动主要的、本质的、综合的组成部分，贯穿于学习活动的每一个环节。

第三，学习内评价本质上是一种认识性的学习实践活动。学习内评价的目的是认识学习及其学习对象的价值，不是拿价值去判断，而是通过判断去认识、发现、生成、感悟价值。就如美国《国家科学教育标准》所指出的那样："评价和学习是一枚硬币的正反两面，当学生参与评价时，他们应能从这些评价中学到新东西。"学习内评价是和学习活动同步进行的，评价的作用不仅体现在学习的各个方面，而且体现在学习的每一个环节中，通过学习内评价，"撩开遮住视线的面纱"，使学习者看到或感悟到学习对象的特质；通过评价性的对话来表达、理解和解释学习对象的这种特质，进而使学习者的认识达到精致化并且具有某种预见性，最终达到评出意义、评出理解、评出价值、评出情感、评出自信、评出生命活动的状态等学习目的。

二、利用"错误"资源，引领学生成长

（一）利用"错误"资源，提升学生的注意力

心理学家通过研究指出：持续性注意对于学习至关重要，但过于持久的注意集中会增加大脑皮层兴奋区的疲劳程度。在课堂上集中注意学习了一段时间之后，很多学生都会发生注意力涣散和主动停工，即教师常说的"走神"。这个时候，课堂就会变得枯燥和了无趣味，此时，教师就应该通过新颖的方式将知识呈现出来，以刺

激学生，重新唤起学生的注意力，活跃课堂气氛，为课堂教学推波助澜。

"错误"在枯燥的课堂上能经常扮演"兴奋剂"，它虽然会打乱教师按照课本教学内容设计的教学程序，却能收到意想不到的效果。因为课本上的知识学生通过事前的预习就能大致了解，加上他们对教师的了解，使得学生"走神"的概率大大增加，导致课堂上很难爆发出激情，教师精心设计的一堂好课，往往会随着平淡的气氛而付之东流。这时候，如果某个学生出错，或是教师故意出错，反而能刺激学生的神经，让他们重新活跃起来。

（二）利用"错误"资源，激发学生的求知欲

心理学研究表明，人有一种寻求新异、复杂、令人耳目一新的东西的本能，这就是我们平常所说的好奇心；人有一种探索和认识外界环境的内在需要，这种需要将引发个体的好奇心，并表现为求知欲，关于教学的研究也发现，变化的教学方法能有效地促进学生的学习。"错误"正是一种变化的方法，一种新奇的、不同的教学资源，如果利用得当，就能较好地促进学生的发展，所以，合理用"错"，对激发学生的求知欲，唤起学生的学习兴趣具有特殊的作用。

（三）利用"错误"资源，培养创新能力

心理学研究表明，知识与创新思维之间存在倒U形曲线，丰富的知识是创新思维的基础，但"有知识有时也会阻碍个体的创新思维"。因此，在教学过程中，培养学生的创新思维，引导学生别出心裁、大胆创新，就必须采用不同的教学手段，利用学生学习中出现的错误，鼓励学生从多角度、多方位反思自己在学习活动中出现的错误，打破原有条件和问题限定的条件，进行将错就错修正条件或问题的训练，是培养学生创新能力和创新思维的有效手段。教师在课堂教学中把学生的错误作为一种促进学生智力发展的教学资源，并且机智、灵活地引导学生从正反不同的角度去修正错误，这不仅能使不同层次的学生发现错误，还能扬长补短，拓展学生的思维，训练学生思维的灵活性和创造性。利用错误，给学生创设良好的思维空间，引导学生重新思考问题的条件、结论之间的内在联系，是培养创造性思维的有效办法。

（四）利用"错误"资源，培养反思习惯

错误是正确的先导。建构主义学习观认为：学生的错误不可能单独依靠正面的示范和反复的练习得以纠正，必须是一个"自我否定"的过程，而"自我否定"又以学习者个体的自我反省，特别是个体内在的"观念冲突"作为必要的前提。巧妙利用学生错误资源，引发这种"观念冲突"，能促使学生对已完成的思维过程进行周密的、有批判性的再思考。教学时教师要引导并培养学生对自己的思维活动及时进行反思，以提高学生发现、分析、改正错误的能力，达到快速、正确掌握知识的目的。

如果教师要求学生将每次的错误做法记下来，在旁边写上对应的正确做法，并写上出错的时候自己的想法和错误的原因，是反思的最有效的方法，长期坚持，形成习惯，必定能大大减少错误，提高学习效率。

富兰克林有句名言："宝贝放错了地方也就变成了废物。"而我认为：合理利用，可以变废为宝！以错误为契机，不仅可以使教师发现学生学习的不足，教给他们更有效的学习方法，还可以提升自己的教学能力和水平。

新课堂倡导"自主、合作、探究"，而真正的探究活动必然伴随大量差错的生成，学生总会出现各种各样的错误，我们的课堂教学不应该有意识地去避免学生犯错误，课堂是学生出错的地方，出错是学生的权利，学生的错误是劳动的成果，关键是作为教师，要如何对待学生的错误。一个教育专家说："课堂上的错误是教学的巨大财富。"因此，我们教师在课堂中要有沉着冷静的心理，本着以人为本的教育观，尊重、理解出错的学生，给学生出错的机会和权利，让学生更好地参与到课堂活动中来，构建更为高效的教学课堂，促进学生更快、更好地成长。

第四章　课堂教学评价与校本课程开发

课堂教学是学校教育教学的主要渠道，学生知识的获得、能力的形成、思想修养的完善主要是在课堂教学中完成的。可以说，课堂教学质量的优劣直接关系到学生的素质和学校教育教学水平。同时，初中数学校本开发要以通俗易懂、激发兴趣、拓宽视野和教材补充为基本要求，以挖掘数学文化中的教育功能为研究方向，以提高学生的数学素养、完善学生的数学人格为核心宗旨。

第一节　课堂教学评价的理念

评价是依据一定的标准和相应的方式方法判断对象价值的活动。"标准"是理念即价值观的集中体现，方式方法由"标准"的内容决定，关系到执行"标准"的质量。课堂教学评价主要立足于课堂，是以教师的课堂教学行为，以及学生的课堂学习行为为研究对象，依据一定的方法和标准对课堂教学的过程和学生学习的效果做出的客观衡量和价值判断，它对加强教学管理、检测教学质量、总结教学经验起着重要作用。

当前评价的依据主要是新课程理念。教师的教学思想影响着其教学方案的设计与实施，然而教学思想也影响着教学评价并由此指导着课堂教学。所以，我们应该明确新形势下课堂教学评价的指导思想是什么。《数学课程标准》指出："数学教学是数学活动的教学，是师生之间、学生之间交往互动与共同发展的过程。"将课程标准中所应体现的新的教学理念、新的教学策略转化为教师的教学行为，转化为实际的教学效果，使学生"获得知识，形成技能，发展思维，学会学习，促使学生在教师的指导下生动活泼地、主动地、富有个性地学习"，这是课程标准给我们提出的教学建议。因此，从这个角度看，数学新课程课堂教学最大的特点是以学生的发展为中心，所以数学课堂教学评价的理念应是以学生的"学"评价教师的"教"，评价的目的应是为了全面了解学生的数学学习历程，激励学生的学习和改进教师的教学，以及有效地促进学生的发展、教师的发展和改进教学实践；既要关注学生学习的结果，也要关注学生学习的过程，更要重视学生在数学活动中所表现出来的情感与态度，帮助学生认识自我、建立信心。

为此，需要在课堂教学的评价中，突出以下三方面的评价标准。

第一，面向全体学生。这是提高全民族素质的要求，使未来社会的公民能适应社会发展的需要。为此，一要把握教学目标，正确处理基础和发展的关系，使学生的数学基础能力普遍提高；二要实施因材施教，让每一个学生学习更好的但有区别的数学，使不同学生的各种数学需要得到充分发展；三要保证学生参与学习的时空，使每一个学生都有必需的学习机会和学习时间。

第二，学生全面发展。在数学课堂上，要使学生在知识、能力、情感几方面都获得发展。

知识——要给每个学生提供基本的数学概念、数学方法和数学思想。

能力——要提高学生数学抽象的能力、数学符号变换的能力和数学应用的能力，使学生的数学基础能力得到普遍提高。

情感——要让每个学生在自身的情感体验中主动参与学习，增强学生的自信心。

第三，提高自主学习能力和自我发展能力。教育的根本目的就是为了促使学生的发展。学生的发展在很大程度上取决于主体意识的形成和主体参与能力的培养。为此，一要从学生实际出发，使学生学习数学是一个连续不断地同化新知识、构建新意义的过程；二要让学生自主学习，注重学生学习自行获取数学知识的方法，学生主动参与数学实践的本领，通过自身的操作活动和主动参与的做法去学习数学；三要注重学生的个性发展，培养学生的创造能力。

第二节　课堂教学评价的内容

在评价数学课堂教学时，应始终贯穿教师教的思想和学生学的活动这两条主线。课堂教学评价涉及多方面的内容，一般包括教学目标、教材的处理、教学方法和手段，教学过程、教学效果等。只有从多方面入手考察，才能对课堂教学做出较为全面的分析和评价。

一、评价教学目标

教学目标是统领性的，是教学的出发点和归宿，所以课堂教学评价必须关注教师预定的目标及其完成情况。

（一）目标的制定

教学目标的制定要突出全面、具体、适宜。全面体现在教师应根据数学课程标准确立的由"知识与技能""过程与方法""情感态度与价值观"等三个维度构成的课程目标，理解总目标，把握各阶段目标；针对教学内容和学生的实际情况，具体制定每节课的教学目标。目标制定具体体现在表述应清晰、具体，显性描述知识技能的教学要求，切实提出主要的过程经历，列出伴随过程而进行的方法掌握、能力培养、数学思想的渗透、情感态度教育等方面的要求；在考虑形成学生数学基本能力的同时，还要发展学生的探究能力、交流沟通能力、应用能力、批判反思能力和创新能力。所提出的教学目标要求，应符合学生的认知发展水平、心理特征和年龄实际，难易适度，体现先进的教学理念，并具有年段、年级、单元教材的针对性、层次性和可操作性等特点。

（二）目标的达成

教学目标的达成要看教学目标是不是明确地体现在每一个教学环节中，教学手段是否紧密地围绕目标，为实现目标服务；要看重点知识、技能、方法是否在课堂上得到巩固和强化，学生对知识的理解掌握是否达到了目标所提出的要求，等等。

二、评价教学内容

教学目标决定着教学内容，教学内容决定着教学方法，三者是相辅相成的。在评价教学内容时要注意以下几点。

第一，教学内容的选择是否得当，它是否与教学目标相一致。

第二，教师教学的知识内容是否正确。

第三，教师不只是关注知识点，而且对学生的情感、态度与价值观，以及能力等诸多方面也予以考虑。

第四，教师是否从学生的知识结构等出发对教材内容做了必要的加工，如提出新观点、新主张，重新解读教材，或对教材内容进行二次创作，激发学生学习兴趣等。

第五，教师是否把传统的教材当作唯一的学习材料，是否充分考虑到学生已有的生活经验，整合学生已有的知识建构和各种能力结构，将学科教学内容引入更广阔的空间。评价时评价者需要理顺教材中的理论，归纳出教材的知识点，并使之系统化、条理化；不仅要自己理解教材中蕴含的思想和理念，更要从课堂中去解读授课者本人对于教材的理解，是对教师理解的再理解。

第六，教师在一节课里的教学内容是否适量。当教学内容过少时，学生处于知识接受的"饥饿"状态，这不仅造成时间浪费和学生的"营养不良"，还会滋长学生的惰性；反之，当教学内容过多时，学生会精力不够、囫囵吞枣，造成"消化不良"，滋生逆反心理。所以，从量的多少可以分析出课堂教学目标是否科学适度、教学目标的总量和教学进度是否合理、教学方法是否适合学生现有程度及接受能力等，总体上追求教学内容的适度平衡。随着新课改的全面推行，教材进行了相当大的改进。改进后的教材，不仅将学生的素质教育置于更重要的位置，而且注入了合乎时代要求的新内容、新信息，加强了教材的可读性和教育性。因此，教师必须认识到，教学内容和教材内容并不等值对应，教学内容来自师生对课程要求、教材内容和教学实际的综合加工。在教学内容的组织和处理上，教师要准确地把握教学重点、难点和关键点，重视数学思想方法的培养；同时，要注意本学科与其他领域的联系，重视数学的应用。

三、评价教学方法和手段

俗语说："教学有法，教无定法，重在得法，贵在用法。"所以，教学方法并无好坏之分，关键是看其是否有利于学生积极性的调动、是否有利于学生能力的开发和发展、是否有助于优化教学效果。虽然教法的选择服从于教学的目标，但是不同的教师、不同的教学内容，不同的学生所适用的教学方法是不同的。教师在课堂教学中应会根据实际情况，运用多种教学方法。

所以，在教学方法的评价上应注意以下几点。

第一，要考虑教师的教学方法组合是否恰当，是否切合教学内容和教学目标。

第二，教师组合教学方法时是否符合下列原则：①以发展学生智能为出发点；②教学与学法的有机结合；③智力活动与情感活动互相配合；④取长补短，优化组合。

第三，教学方法中是否有学生积极活动和参与的成分，是否注意到了多种不同方法的运用。

第四，教学方法有无独特之处，是否注意到了非智力因素（性格、情感、兴趣等）的培养。教师要根据教材的内容和学生的认知水平，以指导学生掌握知识和学习方法为目的，选择恰当的教学方法和教学手段，调动学生思维的积极性和主动性，激发学生学习的兴趣。

第五，新课程标准中对于推理与论证的学习要求：在探索图形性质、与他人合作交流等活动过程中，发展合情推理，进一步学习有条理地思考与表述。教师是否采用了一些适应新教材特点的课堂教学方法，对于教材的运用是否体现出以启发、说理、讨论、实践为主体的新教法。

四、评价教学过程

教学是按照一定的序列展开的，有着这样或那样的步骤，表现为若干个不同的环节。鉴于初中学生的心理特点及课堂教学的一般规律，初中数学课堂教学过程的环节可按复习铺垫—情境引入—探求新知—落实巩固—课堂小结的程序进行。

评价时首要考虑的是，一堂课的课堂教学过程的结构是否合理。具体操作上通常关注三点：第一，要分析课堂教学安排的具体环节。各个环节所占的时间比例有多大，长短是否合适。第二，要分析每一个教学目标完成的情况。考察重点、难点的教学与教学高潮的呈现是否一致，学生是否充分发挥了主体作用，真正成为学习的主人。第三，各教学环节之间的过渡是否自然，整个教学过程结构是否流畅。

下面就谈谈这五个课堂教学环节的具体评价。

（一）复习铺垫

学生对知识的接受和转化总是建立在旧知识的基础上。复习旧知识的目的在于对已学知识掌握的情况进行信息反馈，具有控制、调节教学活动，加强新旧知识的联系，激发学生求知欲的积极作用。教师要善于从与新知识相关联的旧知识中选择新知识的生长点，抓住新旧知识的连接点，提出启发性、思考性强的问题，使学生感到"心求通而未达，口欲言而未能"，从而激发学生尝试和探求新知识的欲望和兴趣。

（二）情境引入

新课程标准指出："学生的数学学习内容应当是现实的、有意义的。"新教材同时给我们提供了丰富多彩的现实情境。在实际教学中，有许多教材提供的引入材料可直接使用，但也有一些用起来不切合本校学生实际，在教学过程中应灵活处理，开发更好的情境材料。在情境引入中既要考虑学生的现实背景和知识背景，又要符合他们的接受能力和兴奋度，采取的形式又要多样化，这样才能使每节课的开端收到一个良好效果。因此，评价情境引入主要可以围绕以下三点。

（1）是否为本节课的学习内容提供了适合的生长点；

（2）是否激发了学生的求知欲；

（3）是否起到承上启下作用，消除了学生对知识的陌生感。

（三）探求新知

数学教学是数学活动的教学。数学学习不是单纯的知识的接受，而应当是一个生动活泼的、主动的和富有个性的过程。从这个角度看，动手实践、自主探索与合作交流也是学习数学新知识的重要方式，因此，现实的和探索性的数学学习活动是探求数学新知的有机组成部分。教学中，教师要从学生的生活经验和已有的知识背景出发，向他们提供充分地从事数学活动和交流的机会，促使他们在自主探索的过程中真正理解和掌握基本的数学知识和技能、数学思想和方法，同时获得广泛的数学活动经验。因此，评价新知学习中的数学活动主要可以围绕以下四点进行。

（1）课堂教学活动的知识载体选择是否恰当，活动内容是否具有研究价值、是否有效地引发学生的数学思考。根据7—9年级学段的知识体系，不同版本的教材在教学内容的编排顺序上是有一定差别的，但是对于具体知识的呈现都体现出研究性的特征。教材中大多设置了丰富多彩的栏目，如华东师大版初中数学教材中设置了

"阅读材料""你知道吗""试一试""想一想""读一读""做一做""思考"等栏目。以这些栏目为"路标"，教师可以给学生创设多样化的学习活动，引导学生充分参与课堂教学。

（2）课堂教学活动是否能激发学生的兴趣，给学生创设广阔的参与空间，使学生有足够的时间和空间经历观察、实验、猜测、计算、推理、验证等活动过程。

（3）课堂教学活动中，教师的讲解是否具有启发性，教师的点拨是否具有针对性，教师的组织是否具有有序性。

（4）课堂教学活动是否对引导学生联想、拓展、变化、延伸、总结反思和提炼规律起到促进作用。

（四）落实巩固

课堂巩固练习是教学活动的重要环节，在进行一段相对独立的教学活动之后给学生布置适当数量的练习，既能起到巩固知识、发展学生思维能力的作用，又能了解学生学习的状况。在一定意义上说，练习不仅是对学生学习的要求，也是对学生学习状况的评估手段。在评价课堂练习时主要应该关注以下几方面。

（1）课堂练习的题目内容是否具有针对性。由于课堂练习伴随教学活动进行，其主要目的是检测学生对基础知识的理解、消化和应用情况，因此，教师要根据教学目标、教学重点、难度、易混淆的知识点设计有针对性的练习题，面面俱到会使学生抓不到重点，也起不到强化新知识的作用。

（2）课堂练习的题目数量、难度是否适度。由于课堂上给予学生静心思索的时间有限，要能够在较短时间内既达到巩固所学知识的目的，又不能让学生感到负担过重，课堂练习题目的数量要控制在能使学生当堂理解、消化所学内容。同样，课堂练习的难度也要适中，难度大了，会使学生产生畏难情绪，降低学习的积极性；难度小了，会使学生产生放松心态，感到没有挑战性。

（3）课堂练习的题目是否具有思维训练点。应寓思维训练于课堂练习的全过程，着重培养学生从多方面、多角度、多途径地寻求答案，使学生的思维品质和创造性思维能力得到培养和发展。比如，设计一题多解的题目，使学生从多角度理解问题，使他们对问题积极探讨各种方法，并对比这些方法的优劣，学会选择最优的方法解决问题。

（五）课堂小结

课堂小结是任何类型的课堂教学都必不可少的组成部分。每一节课结束时，教师都需要对教学内容、思想方法等进行归纳总结、概括提升、拓展延伸，以增强教学内容的系统性，使学生所学知识形成系统，并使学生对知识的理解向更高一层级转化、升华。当然，在这个环节中，也可通过设置疑问、留下悬念来激发学生的学习兴趣和求知欲望，启发学生思考。

五、评价教学效果

新的教学理念主要是以学生发展为本，在价值观上一切为了学生，在伦理观上高度尊重学生，在行为观上充分依靠学生，因此课堂教学效果的评价主要是对学生课堂学习过程的评价，显现在课堂教学的主体——学生身上，主要考查学生在课堂上的三种学习状态，即学生的参与状态、学生的交流状态、学生的达成状态。

（一）评价学生参与状态

好的课堂应该有思维的碰撞，有争论，有遇到困难的迷茫，有顿悟后的豁然开朗等等。这就需要教师努力创设课堂情境，激发学生的学习情趣，使课堂上人人参与、个个活跃，让各层次的学生都能积极地参与到课堂教学的每一个环节中来，并在参与的过程中体验学习的快乐、获得心智的发展。

（1）看多样性：学生参与教学活动的形式是否多样，如师生谈话、合作交流、动手实践、自主探究等。

（2）看广泛性：学生是否很投入地参与数学教学的全过程，每一位学生是否都有参与教学活动的机会。

（3）看深刻性：学生在参与教学活动中是否进行深层次的思考和交流。

（二）评价学生的交流状态

能运用所学的知识发现、提出并解决日常生活中的数学问题，能和同伴解决问题并表达解决问题的过程，是数学课程标准在"解决问题"目标中提出的要求。好的课堂教学，一要看课堂上是否有多边、丰富、多样的信息交流与反馈，即能构建师生、生生和媒体之间的信息交流的立体结构；二要看课堂上是否有良好、有效的人际交往与合作的氛围，学生是否愿意互相交往，能否与人合作，是否懂得尊重别人、取长补短。

（三）评价学生的达成状态

由于新教材既要求帮助学生掌握知识，又要求促进学生的发展，因此，考察一堂课是否达到预期的教学目标，既要看知识效率——"双基"的达成情况，又要看能力效率——学生素质提升的情况。传统的课堂教学评价往往只看知识目标的达成情况，忽视学生素质提升的情况。有些教师不认同新教材的课堂教学方式，就是还没有从"仅关注知识目标"的思维定式中跳出来。当然，我们也不能走极端，盲目追求所谓的素质提升而忽视知识目标。

在课堂评价中对学生学习目标的达成，主要关注以下几个方面。

第一，学生能否切实掌握基本知识和基本技能，应用所获知识解决实际问题，并将这些新知识纳入到自身原有的知识体系中融会贯通。

第二，学生是否能独立思考，掌握学法，大胆实践，并能自评、自检和自改。

第三，学生是否多向观察，善于质疑，变式思维，举一反三，灵活实践。

第四，学生能否把经过猜想、探索发现的结论作为新的思维素材，去努力探索，再去进行新的发现。

评价的目的是全面了解学生的数学学习历程，激励学生的学习和改进教师的教学；评价目标多元，方法多样。对数学学习的评价要关注学生学习的结果，更要关注他们的学习过程；要关注学生学习的水平，更要关注他们在数学活动中所表现出来的情感与态度，帮助学生认识自我、建立信心。

六、数学课堂教学评价的基本要领

（一）评价方法要科学

尽管受地区、年级、目的等因素的影响，数学课堂评价很难有一个通用的标准，但是评价作为一种质量分析，其衡量标准所涉及的基本因素还是比较相通的。常用的方法有以下几种。①整体入手、综合分析法：首先从整体看教学过程是怎样安排的，有几个大的教学步骤；其次由整体到部分，逐步分析各个教学步骤；最后从部分到整体，将各个教学步骤理出的内容汇总起来。②化整为零，单项分析法：评价一节课也可以针对自己观察体会最深、感触最大、认识最明显的内容着手，选择一个或几个突出的角度进行评价。这种方法由于关注的是具体环节，因此更注重细节上的评价与分析。③寻找特点、特色分析法：主要是针对教师的教学特点和教学风格进行评价，可能是他教学成功的闪光点，也可能是他教学区别于别人的创新之处，更可能是他教学失败或有待改进的地方。因此，作为评价者必须善于观察，善于发现特点、捕捉特点、总结特点，才能使自己的评价客观并具有说服力。

（二）评价形式要多样

评价的形式一般有以下几种。

1. 自评

上课教师可以进行自评，谈谈本节课的教学设计思路，有哪些是自己比较满意的，有哪些是比较遗憾的，可以达到自我反思的作用。

2. 师评

首先，授课教师介绍自己教学方案设计的意图及对教学目的、教材的认识和选择教学方法的依据。然后，评价的教师根据自己听课的情况，以及授课教师的介绍，发表各自的看法，进行充分的讨论交流。最后，参与评价的教师要能切切实实地归纳出几条值得借鉴的成功经验，使参与听课的教师有所收获，同时也要指出突出问题和改进建议，以便授课教师进行有针对性的教学调整。在组织形式上可以采用问答谈话的方式，也可以分为一些小组进行讨论，以便更多的教师进行思考和充分的交流。

3. 生评

为了及时把握反馈信息，增强学生的主动性意识，体现教学民主，也可以直接听取一些学生的意见和建议，由学生结合自己的学习对教师的讲解发表自己的看法，重点关注的是学生的真实感受。

（三）评价内容要到位

评价要本着实事求是的态度，以科学的理论为依据，用事实说话，不带任何偏见，恰如其分地进行评价。这就要求在评价时，应该以事实为依据，要在收集好评价证据的基础上施评。怎样收集评价证据？第一，动眼多观察：对学生和教师行为看到些什么？第二，运用放大镜多展示过程：学生和教师怎样去做所应做的事？第三，动耳多倾听：学生和教师讲了些什么？第四，动笔多统计。教师所做事的次数有多少？第五，动表多计时：教师在不同活动上花的时间有多长？好的评价，既能对课堂教学的成败得失及其原因进行切实中肯的分析，又能从教育理论的高度对一些现象做出正确的解释。

苏赫姆林斯基对教学评价工作倍加推崇。他认为"听课、分析课，这件工作科学水平的高低，关系到许多方面。整个教学过程的文明，取决于课堂教学每天都要有所改进，而改进课堂教学，就需要对课进行深入的分析评价"。随着新课改的不断深化，课堂教学评价一定会起到更重要的作用，也一定会引起更多教育同行们的高度重视。

第三节　数学校本课程开发

一、背景介绍

《基础教育课程改革纲要（试行）》强调，义务教育阶段的课程应体现普及性、基础性和发展性。由于新课程教材的编写、课程的设置、课程的评价标准还没有发生革命性的改变，因此这就需要我们这些从事数学教育教学的教师不断地"上下求索"。对于我们来说，开发一套能够提高学生学习数学的兴趣、提高学生的数学素养（数学文化）、完善学生的数学人格的校本课程是当务之急，这也是实现从数学教学向数学教育转变的一项重要举措。

校本课程是由学校针对学生的兴趣和需要，结合学校的传统和优势充分利用学校和社区的课程资源，自主开发和实施的课程。校本课程是基础教育课程体系的重要组成部分，是国家课程的重要补充。初中数学校本课程的建设肩负着真正实现数学素质教育的责任和义务，是真正实现数学教学向数学教育转变的重要举措之一。它着眼于发展学生的兴趣、需要和特长，关注学生的个性发展，充分体现师生的自主性、能动性和创造性，具有鲜明的学校特色。

开发校本课程需要从学校的实际出发，从教师、学生的实际出发，本着实事求是的态度，为学生的终身发展、可持续发展考虑。

二、开发校本课程

开发校本课程，要确定开发的核心宗旨、研究方向、基本要求，要充分利用校内外各类资源，要不断地进行课程资源的积累和课程特色的培育。校本课程的规划要根据学生的课程需要来制订；要选择贴近时代特点、社会发展与学生实际的课程内容；要变革教学方式和学习方式，充分发挥师生的独立性、自主性和创造性，引导学生在身心愉悦的环境中进行实践和研究。

校本课程的开发和建设是一个漫长的过程，需要我们时刻做一个有心人，时刻为学生的终身发展和可持续发展考虑，谨记为数学教学向数学教育转变服务的理想和追求。

创造性地使用教材可在"六个字"（研、挖、调、组、改、增）上下功夫。研：研究课标、教材、学生实际、教学环境及它们之间的关系；挖：挖掘教材与生活中可发展学生创新思维的有效资源；调：调整认知目标、教学内容、教学次序等；组：重组教学内容，重建教学设计，重排学生学习活动；改：改变情境（问题情境、游戏情境、活动情境等），改编例题、习题与试题，甚至改变教学方案、教学安排等；增：增加让学生探索创造的活动，增加学生思维的时间与空间，增加学生知识与思维发展的多向选择。下面通过案例就创造性地使用八年级数学教材谈谈我们的做法与感悟。

（一）钻研教材，超越教材，发展教材，真正将教材"校本化"

要真正做到"脑中有课标、心中有教材、眼中有学生"，教师就要在精读课程标准、深研教材、细研学生的基础上，根据本地、本校的实际情况，灵活有趣地利用各种课程资源，努力把教材的内容"校本化"。这样，不仅能让教材在促进学生发展的过程中真正发挥作用，而且能让学生吸取更多教材以外的知识，发展学生的探索、应用和创新的能力。

在应用题的教学中，我们设计了"折扣经济"的课题。教师要求学生课前先收集街道上关于商品打折的广告语，并把它们改编成应用题进行探讨研究。比如，"全场名牌服饰1~2折销售"，商家真的会把所有商品按1~2折出售吗？"买100送50，多买多送"，买100送50是什么意思，相当于打5折吗？通过补充信息与研究，学生懂得了生活中的经济道理：商家五花八门的广告措辞，都是为了吸引消费者，甚至变相误导消费者购买，从而获得更大的利润。而消费者购物时需要保持冷静的头脑，不要被所谓的"惊喜价""跳楼价""大出血""挥泪大甩卖"等标语冲昏了头脑。

我们也应充分运用以上情景结合数学知识来为自己省钱。例如，某超市"五一"节期间规定，如果一次购物的总价小于100元时不享受优惠，但如果一次购物的总价超过100元则可打九折。我们通过计算可知：购物总价比如是90.9元，那我们还可以在不增加付费的情况下再取得价格为10.1元以下的商品，总价虽然可能高达101元，但打九折后我们仍只需付款90.9元以下。这使学生真正感到数学真的很有用，对数学应用题产生了学习与研究的兴趣。由此可见，各种校情校史、生活实践、乡土历史、乡土地理、人文景观、社会经济等可以顺理成章地成为可利用的校本化的好教材、好资源。

（二）充分挖掘课堂上动态生成的即时情景资源，进行情境性的创新教学

教师在教学中应紧跟时代步伐，选择与学生密切相关的现实生活中学生关注的、感兴趣的素材，在课堂上动态生成即时情境资源，及时为教学内容赋予新的意义，激发学生的求知欲，形成特色教学，使学生感受到数学就在自己身边，数学与现实生活密切相关。

在"解直角三角形"一章后的课题"高度的测量"的学习中，很多教师因为实际条件的限制，所以往往只是在教室内"空对空"地进行想象教学，而没能按要求真正走出教室，选择学校中较高的物体测量其高度；有的教师虽然走出教室，但不能努力挖掘身边富有挑战性的素材进行情境教学。而笔者最难忘的就是这一节课。上课时，还下着毛毛细雨，学生都认为我不会带他们出去上课了，但笔者还是带领学生来到操场，学生用准备好的测量工具很快测出了指定物体的高度，很快就完成了实践任务。但是，有三个学习较好的学生对这一节课不以为然，不仅没有准备测量工具，也没有进行实践操作，而是在旗杆下玩起积水。笔者看到后很生气，当场给这三位学生出难题：要求他们只能用借来的皮尺在10分钟以内测量出旗杆的高度，

并请同学们见证他们测量的方法与结果的正误。这三位学生在众目睽睽之下冥思苦想，并未能解决问题。此时，笔者耐心地提示他们，这三位学生终于解决了问题。这一节课让学生真正地走进教材，使学生充分体验了学习数学的过程，活化后的教学情境变得更真实、有趣了。学生充分地感受与体会到数学来源于生活，学习热情高涨了，兴趣增强了。对于课堂教学中的突发事件，教师要把握住时机，活用教材，灵活地处理，不要被教材束缚。这一节课启发了我努力挖掘身边富有挑战性的素材，进行情境教学。阳光、雨露也是课程资源，学生的投入与创新更让我惊喜。这些都更加坚定了笔者不断尝试创造性地使用教材的信心和决心。

（三）加强对教材知识的深挖掘、广拓展，努力创造学生探索与交流的新空间

教师在课堂教学过程中，总抱怨教材中的题量少，很多问题都是点到为止。其实，我们可以把教材的每个章节当作知识与生活的结合体，把每道题看作一个课题来研究，激发学生进行思考，引导学生进行自主探索。我们也可通过教材中的"读一读""想一想""做一做""试一试""课题学习"，以及"阅读材料"等板块提出一系列新问题，充分地激励学生进行交流，为学生提供自由发挥、自主探索的空间，让学生在探索中进一步理解所学的知识，发展学生的创新能力和实践能力，使我们的教学更加精彩。

（四）努力创设新的知识结构理解模型，增加教学的可理解性与实效性

教材里的大部分知识内容是按《课程标准》要求的"问题情境——建立知识模型——解释与应用"的结构编写的。学生能不能理解知识及其形成过程在很大程度上取决于教师能否为他们提供多向理解的机会。因而，教师采取的所有的教学方法、手段都应该是围绕着这一基点而设计的。

在学习"平面直角坐标系"这一课中，笔者先设置问题：如何对一个陌生地点进行精确的描述？教学过程中再现平面直角坐标系的建立过程，学后要求学生结合自己生活实际来谈谈对平面直角坐标系的理解。学生通过探讨交流后认为，直角坐标系实际可以看作有东西南北的方位图。学生加进了自己形象理解后，对后一节课函数的图像的学习大有帮助。正是学生有自己独特的语言理解与想象理解，对图像

的画法、各象限内点的坐标特点、坐标轴上的点的特点、对称点的坐标特点、点到坐标轴的距离、两点的距离及面积、函数的对应意义、运动中的点的坐标变化等很多知识的理解自然是水到渠成，并能牢固掌握、应用自如。这样，才能真正做到面对千变万化的试题时，举一反三，应对自如。

（五）将学生实际的认知水平、能力发展与知识的学习相结合，全方位地对教材内容进行重组与创新

毕竟教材只是知识的一个载体，并非尽善尽美，教师教学时可以选择内容，更应当创新内容，包括变更教材体系，调整教材顺序，摒弃或添加某些内容，甚至自编教材等等。在教学"图形的相似"之后，笔者就结合"全等三角形是相似比为1的特殊相似三角形"这一点，将"图形的全等"的学习内容调过来进行教学。这样，根据学生实际及学生理解进行教学内容的调整，使两部分知识相互论证，紧密结合后综合运用，更形成牢固的知识结构系统，实际的教学效果非常好。

在整个教学过程中培养了学生的发散思维、综合思维、创新思维，学生得以更深入地探求事物和问题的本质及知识的内在联系，不断发现客观存在的规律，更自觉地进行创造活动，发展成为具有创新性的拔尖人才。总之，我们一定要克服对教材教辅的依赖，实事求是，勇于思考，勇于创新。我们在使用教材时要尊重教材，但也不局限于教材，要灵活运用教材，根据学校、学生实际情况对教材进行创造性的使用，进而开发课程资源，促使师生都真正成为新课程的受益者。我们要切实地做到"脑中有课标、心中有教材、眼中有学生"，切实发挥教材的作用，真正培养学生主动探索、勇于求知的精神。我们将在今后的实践中继续摸索，努力在创造性使用教材这方面，找出一条有利于促进教师、学生共同发展的途径。

第五章 初中数学学科能力培养

数学学科能力的培养在初中学习中起着举足轻重的作用，意义重大。培养初中数学学科能力，是深度推进课程改革的需要，是初中数学学习的必然要求，有利于培养学生数学学习的可持续发展能力，科学提升教学质量。

第一节 数学学科能力的内涵

一、学科能力概述

（一）学科能力的含义

学科能力是学科素养的核心组成部分，通常有三个含义：一是学生掌握某学科的一般能力；二是学生在学习某学科时的智力活动及其有关的智力与能力的成分；三是学生学习某学科的学习能力、学习策略与学习方法。学生的学科能力表现是有结构的，每一门学科的核心学科能力都具有不同的类型和层次。不同类型的学科能力的表现，能够通过可观察的行为和可检测的思维活动得到评价，学科能力表现的内在结构涉及各学科核心能力表现的要素。任何一种学科能力，不仅体现在学生有一定的某学科的一般能力，还包括学生所具有的学科能力的结构。而这种结构，不仅有着常见的某学科能力的表层表现，而且有着与非智力因素相联系的深层因素。

（二）学科核心能力的特征

1. 价值优越性

核心能力是学科独特的能力，对提高建设与发展学科的效率有很大的帮助。

2. 能力整合性

学科核心能力是学科内部不同能力的集成组合，是学习、共享及运用该学科知识而形成的整合知识和技能。

3. 技能独特性

一个学科拥有的核心能力是独一无二的，也就是说，初中数学所具备的学科能力是其他学科暂时或永远不具备的。由于数学学科对初中生的逻辑思维能力要求很高，再加上日常学习中遇到的数学题目的特殊性，初中生具备的数学学科能力包括数学运算能力、空间想象能力及逻辑思维能力。数学运算能力要求学生可以正确、高速地进行运算；空间想象能力要求学生可以通过观察立体几何，利用自己的抽象想象能力及类比联想能力，对立体几何进行转化、分析；逻辑思维能力要求学生拥有准确的判断力，并有着严谨的逻辑推理能力及可以构建数学模型的能力等。

二、数学学科能力

基于对数学学科能力本质属性的认识，从数学学科能力生成的角度把数学学科能力界定为：主体在已有数学经验的基础上，在数学活动中通过对数学的体验、感悟和反思，并在真实情境中表现出来的一种综合性特征。数学学科能力是在数学活动中直接影响该活动的效率，使活动得以顺利完成的个体的稳定的心理特征。数学学科能力是一种特殊的能力，它只存在于数学活动之中，在数学活动中形成和发展。

学科能力表现，是指中小学生在各门课程学习过程中表现出来的比较稳定的心理特征和行为特征，是可观察和外显的学习质量和学习结果。数学具有三个显著的学科特点，分别是抽象性、逻辑严密性和应用广泛性。数学的三个特点是互相联系、互相影响、密不可分的。认识数学的特点，并在中学数学教学中正确把握数学的特点，对初中学生学习数学来说有重要意义。在初中阶段的数学教学中，教师要注意培养学生的运算能力、逻辑思维能力和空间想象能力。

运算能力的培养。中学数学的运算包括数的运算、式的恒等变形、方程和不等式的同解变形、初等函数的运算和求知、各种几何量的测量与计算、数列和函数极限及集合、概率统计的初步计算等。教师在培养学生正确迅速的运算能力时应该做到两点：①加强基础知识的教学。教师在教学中要求学生对各种运算的数学知识进行透彻理解和牢固掌握，如数学概念、性质、公式、定理、公理、法则。②加强基本技能和技巧的训练。口算与速算是数学的基本技能，是提高学生运算能力的有效手段之一。加强这方面的数学训练，可以帮助学生在学习数学的过程中，减少时间与精力的投入，达到迅速运算的目的。在数学教学中，教师要注意引导学生发现并掌握数学的运算规律，让学生可以利用数学运算技能多加练习，提高他们的运算能力，保证运算的准确性。

逻辑思维能力的培养。逻辑思维是数学思维的核心。数学逻辑思维就是以数学为概念，以判断和推理为基本形式，以分析、综合、抽象、概括、归纳、演绎为主要方法，并利用词语或符号加以逻辑表达的思维方式。培养学生的逻辑思维能力，也是初中数学教学的任务之一。

初中生不仅要长知识、长智慧，还要善于思考，应该把思考与学习的重点都放在解决问题的方法上。"授人以鱼，不如授人以渔"，强调了方法的重要性。教师的教学重点要放在解析题型的方法上，而不是单纯地解决某一道题。在教学过程中，教师要尽量把教学结果变成教学活动。为了培养学生的逻辑思维能力，教师应该在教学过程中做到以下三点。首先，建立清晰明确的概念，使学生可以牢固地掌握基础知识，以便提高数学运用能力，这是培养学生逻辑思维能力的前提。其次，教师要引导学生正确地运用逻辑思维方法，在思考问题时，一定要让学生的思维是理智、正确的。再次，教师要在数学课堂中加强数学推理证明的训练，让学生掌握解决问题的思路，不断总结规律，这是培养逻辑思维能力的基础。

空间想象能力的培养。空间问题是人们在日常生活中经常遇到的问题，如果没有一定的空间知识和空间想象能力，学生会很难适应进一步的学习，甚至很难适应社会。在学习空间知识时，学生应该做到能够由简单的实物想象出几何图形，由几何图形想象出实物的形状；能够由较复杂的平面图形分解出简单的基本图形；能够在基本图形中找出基本元素及它们之间的关系。为了培养学生的空间能力，教师在日常数学教学中，可以采取以下几种措施。①指导学生学好关于空间形式的数学基础知识是培养空间想象能力的根本保证。在初中数学教材中，不仅有几何知识，还包括数形结合的内容，如数轴、坐标法、图像法，通过数量分析的方法对几何图形加强理解，有利于培养学生的空间想象能力。②用教具培养学生的空间想象能力。感性材料是空间想象能力逐步形成和发展的基础，通过对实物模型的观察和分析，可以帮助学生在头脑中形成空间图形的整体形象和实际位置关系，然后凭借抽象想象能力，将其抽象出空间几何图形。例如，在学习直角坐标系的时候，教师可以让学生做一些相关的模型，让学生可以直观、快速地掌握空间直角坐标系的相关知识点，学生通过自己动手制作模型学习相关空间知识，有利于激发学生对数学的学习兴趣，快速、牢固地掌握数学知识。③教师可以指导学生，让学生学会画直观图。直观图是发展学生空间想象能力的关键因素。教师在教给学生直观图的画法及要领之后，可以帮助学生迅速掌握这些知识，并且可以让他们正确、快速地画出空间物体的直观图。④通过数形结合的思想培养学生的空间想象能力。著名数学家华罗庚曾经说过："数与形，本是两相倚依，焉能分作两边飞。数缺形时少直觉，形少数时难入微。数形结合百般好，隔离分家万事休。切莫忘，几何代数统一体，永远联系莫分离。"在学习数学时，数形结合是非常重要的，甚至是不可或缺的。几何问题的数量化丰富了学生的空间想象能力，把它灵活运用在课堂教学中，可以培养和提高学生的空间想象能力。

总而言之，这三种数学能力是相互联系、相互促进、不可分离的，培养数学学科能力应当把这三种能力结合起来，相互促进、相互影响。认识数学的特点，并注意在中学数学教学中正确把握数学的特点，可以让学生运用所学到的数学知识解决生活中遇到的实际问题，并形成数学创新意识。教师在初中数学学科能力的教学中，应该注意培养学生的抽象思维能力并保持数学的严密性。

第二节 数学运算能力培养

一、掌握牢固的基础知识并学会延伸

基础知识和基本技能的教学是认识数学、理解数学的首要前提，对数学能力的培养起着关键性的作用。在新课程大力发展数学能力的理念下，教师要认识到数学基础和数学能力发展相互依赖、互相促进的关系，只有做到"基础"和"能力"并重，才能真正实现学生的全面发展。学生在进行初中数学的学习过程中，要注意对基础知识进行牢固的掌握，并且深刻理解数学概念的内涵。这就要求教师在日常教

学中，对基础概念和知识点进行深刻、透彻的讲解，不能把讲解的内容只停留在字面意思上，而是要把概念的本质与数学规律用精确的语言对学生进行描述。教师的发展是新课程改革的重中之重。随着课程改革的深入与推进，教师所面临的压力也越来越大，这种教学压力主要来自课程的实施层面。课程实施对数学教师的行为、思维方式、教学方法、内容安排、教学组织形式等方面都有较高的要求。教师在日常数学课堂中，可以采用多种教学方法，如利用多媒体进行教学；在实验或游戏中进行新知识的传授；把新的章节中包含的知识点与实际问题相结合；将数学知识应用到实际生活中去。可以深化学生对新知识的印象，加强学生对新知识的理解程度，让学生的认知得到更深层次的延伸，帮助学生在运用概念进行运算时更加得心应手。

把教学知识与实际生活紧密结合起来，可以激发学生的求知欲，让学生带着强烈的好奇心对新知识进行有效的探索与学习，把枯燥单调的数学课堂变得生动活泼，帮助学生在数学学习方面树立自信心，寓教于乐，让学生更加主动、快乐地进行数学学习。例如，在对典型的概率公式进行讲解教学时，教师可以制作一个抽奖箱，把关于抽奖的事情设计成一道数学问题，以吸引学生的注意力，引起学生的学习兴趣，让学生可以集中所有的精力来对问题进行思考。教师要鼓励学生运用教材中的相关数学定律和数学法则等对解题的规律进行探索，这样不仅可以让学生快速掌握新知识，还可以让学生牢固地掌握这些知识。

二、养成良好的解题习惯

这是针对数学运算能力分化现象提出的一个建议。学生在运算过程中由于马虎造成运算能力下降的现象十分常见。为了解决这一问题，教师要及时规范学生的运算过程，帮助学生养成良好的解题习惯，从而提高学生的数学运算能力。数学学习要求学生具有缜密的思维和严谨的态度，因此，教师在日常数学教学中，要帮助学生形成良好的学习态度，严格规范学生在平常的练习中对符号和数字的书写，尽量减少书写错误。

三、培养学生良好的学习习惯

在日常教学过程中，教师要注意培养学生良好的学习习惯。对于学习与练习时经常出现或使用的数学知识和公式，要进行归纳总结，帮助学生更加牢固、快速地记忆知识点，让学生更加熟练地使用这些知识点来进行运算。学生在进行数学练习时，一定要认真审题，在演算时一定要细心。学生看到题目时，不是先急着进行运算，而是要弄清楚题目给出的已知条件，确定未知条件与已知条件之间的关系，由此来确定解题思路，选择恰当的解题方法进行解答。在日常练习中，学生在完成题目的解答之后，还可以针对这道题目，进一步思考有没有更加简捷的解题方法，从而达到对解题过程的优化。"失之毫厘，差之千里"，学生要认识到细心演算的重要性。教师在数学教学过程中，要有意识地示范一些运算量比较大的计算，并让学生自己进行运算，让学生在大量的运算练习中，维持一个比较细心的良好心态，并坚持运算。

学生在运算过程中，出现运算方法选择错误、运算结果不准确这些情况是很正常的。遇到这些情况的时候，学生千万不要灰心，教师要鼓励学生正确面对困难，让学生可以依据自己的力量，找到运算错误的根源，发现问题，千万不可以把运算结果出现错误的原因归为马虎。学生只有从心里重视这些问题，从根源上杜绝运算错误，才能从本质上提高自己的运算能力。教师在日常教学中，不仅要重视学生运算结果的正确性，还要关注学生为了得到这个运算结果选用的运算方式是不是足够简单、便捷，运算过程是不是足够合理，书写过程是不是规范、整齐，整个运算过程是否可以完整呈现出来，学生的运算思路是否清晰，等等。这些方面都是保证学生运算正确的重要内容。

笔者虽然不推荐"题海"战术，但是如果只学习数学知识，而不做数学练习，提高数学运算能力便无从谈起。所以说，学生要保证自己可以对数学进行足够的练习，是因为任何一种能力都是在不断实践中生成和发展的。学生要对自己在数学能力方面的强项与弱项有一个明确的认知。对于自己的强项，可以在巩固的同时，适当减少一些练习量；对于自己的弱项，要多加练习，在练习中找到运算的规律，慢慢地把自己的弱项变成强项，补足自己的短板，以此来全面提高自己的运算能力。学生要注意的是，在数学练习中，要养成良好的学习习惯，切不可一蹴而就，妄想一步登天，要懂得循序渐进，逐步实现运算能力的提高。

四、引导初中生充分认识到计算能力的重要性

计算是学生学习数学的基础，初中生掌握了计算能力便会发现，初中数学并没

有自己想象的那么难学。在实际教学实践中，教师可以发现，有一部分学生对运算方法和数学概念掌握得比较好，但是经常会出现计算错误，他们认为只要学会了解题思路与数学思维方式，运算结果其实是不重要的，而且如果仅仅是运算结果出现问题，那么扣掉的分数也比较少，因为初中数学的试卷评判是按照步骤给分数的。也就是说，这类学生的计算结果的准确率是很低的，经常会出现其他学生不会出现的计算错误，这就大大降低了这类学生的学习效率。初中数学中的很多内容都涉及计算问题，也就是数与式的运算，如果学生的运算能力特别差，那么他是很难学好初中数学知识的。教师在课堂教学中，要明确告诉学生运算能力的重要性，让学生明白，学好数学最基础的能力就是计算能力。因为在中考中，往往一分之差就决定了学生能否被心仪的高中录取。教师还要告诉学生，学好计算对学生的生活很有帮助，如学好运算可以帮助学生规划学生的生活支出与收入，尤其是在求学阶段，都是父母为学生提供学费与生活费，不管家庭条件如何，学生都不应该铺张浪费，学生学好数学计算的话，就可以合理规划自己的生活费，有一个自己的小账本，让每一笔支出都是合理、有价值的，避免不必要的浪费。

五、培养学生对运算的兴趣

除了真正热爱数学的学生，很多初中生认为数学学习非常枯燥，对于数学中的计算，更觉枯燥乏味。所以，要想培养初中生在计算方面的兴趣，离不开教师的引导。教师可以精心策划自己的数学课堂教学，在教学中采用多种计算方式，让学生亲自参与到计算中去，积极体验计算的过程，从而慢慢培养他们对运算的兴趣，达到提高运算能力的目标。例如，教师可以通过观察学生在课堂上的精神状态与活跃程度，在他们出现疲乏的时候，适当引入一些典型的实例或小故事，以引起学生的兴趣，帮助学生重新集中注意力和精神，从而提高课堂的教学效果。另外，教师可以把自己的教学方式变得多样化与趣味化。教师在课堂上可以利用多媒体、卡片或者是其他与教学内容相关的一些教学工具来进行教学，对学生进行视算、听算、抢算等多种形式的训练，还可以在学生之间展开运算竞争，充分调动学生的积极性，让学生全身心地投入到运算训练中，在学习的过程中化被动为主动，由厌恶、无视运算转变为热爱运算，在运算训练中找到学习的快乐，逐渐形成一个比较稳定且长久的兴趣。

总而言之，传统的数学教学模式不利于培养学生的数学能力。要想及时改变这种模式，适应现代社会发展的需要，就要在初中阶段对数学教学进行改革，培养学生的运算能力，有效促进学生数学能力的提高。数学运算是学生数学能力的综合反映，运算能力的训练是一个长期的过程，如果想依靠短期的强化训练来提高学生的数学运算能力，是不可能的。所以，在日常教学中，教师要有意识地把数学运算能力的训练融入课堂教学中，学生要对主要的数学概念和运算法则融会贯通，并能在解题时灵活运用。运算过程受到阻碍主要是因为学生的运算方向或者运算技巧出现了问题。在教学过程中，教师要解决的问题包括"是什么""为什么""怎么做"三个层面，这在哲学中属于"应然"状态，是一种比较理想的状态。但是在实际教学实践中，出现的运算状况往往是各种因素的综合作用，教师要把握好运算训练的尺度问题，既不能过多，又不能过少。因为初中生的学习科目较多，学生的课后时间是有限的，再加上教务部门布置的整体任务难以落实，就会出现各个学科都会占据学生课后时间的情况。在这种情况下，学生要完成许多硬性的作业，很难对学习内容做到真正的消化与吸收，所以学生在进行数学学习时，要把看书与消化的任务问题转化成可以量化的问题来操作。

在初中三年级的第二学期，学生的时间会变得更加紧张，各科教师都会想方设法瓜分学生的课后时间，剥夺学生的休息时间，学生学习数学的时间会变得更少，学习效率也会受到影响。所以，教师要适当减少训练量，以适应学生时间的调整，但要在保证学生数学成绩的基础上进行调整。

第三节 空间想象能力培养

一、合理利用模型进行讲解，加强学生的直观感受

教育心理学专家的研究成果表明，学生在形成数学概念的初始阶段，需要借助感觉，先把对具体事物的观察和接触转化成与具体事物无关的感性认识，再把感性认识转化为抽象、概括的理性认识。在立体几何的学习中，学生所获得的空间信息主要来源于实物（模型）、几何图形、语言描述及这些信息之间的相互转化。

空间观念可以通过实物和模型，让它变得形象化。实物包括我们在生活中能见到的所有物体，如汽车、桌子。模型是指为了用来学习、教学或实验而照实物的形状和结构按比例制成的物体，如圆锥体、正四面体。学生可以通过眼看、手摸、脑想，直观地看清各种"线线""线面""面面"关系及其所成的角和距离，还可以构造出空间基本元素位置关系的各种图形，并进行变化训练，以此来提高初中生的形象思维能力。人们认识事物的本质和特点及其规律，总是从具体到抽象，从感性到理性的。在学生对立体几何进行学习的初始阶段，教师在对相关知识进行讲解时，可以利用适当的模型或教学工具在课堂上为学生演示，也可以利用多媒体投影对平面图形是如何在大脑中转化为立体几何的过程进行演练，让学生可以直观地感受变化的过程，增加对立体几何图形的理解。学生可以通过这些教学活动加深对空间几何体特征的认识，逐步形成空间观念，并使空间形式在头脑中变得具体化与形象化。教师对模型或教学工具的适当运用，可以帮助学生获得更加生动形象的印象，使平面的图形有了立体感与真实感，这也是培养和提高学生空间想象能力不可缺少的途径。离开实物和模型，空间观念就很难建立，也很难向高层次发展。例如，在学习关于空间的两条直线时，教师可以利用任意的两根棍状物体，进行不同位置的摆放，以此来帮助学生对两条直线在空间位置的关系进行区别，让学生可以通过简单直接的观察来思考，两条直线摆放位置的不同，会让这两根棍状物体的关系产生什么样的变化。对于正方体或长方体的讲解，教师可以直接利用教室来进行讲解，因为教室是学生日常接触最多的空间立体。再例如，教师可以让学生直接观察棱锥体的相关模型，让学生对棱锥体的整体印象有一个直观的感应。在此基础上，教师可以鼓励学生通过观察棱锥这个实物形成的相关概念，画出棱锥的直观图，让棱锥的立体图深深地烙印在学生的脑海中，以后只要一提到或者一看到棱锥的相关字眼，就可以想到这个图形。利用该模型或教学工具来对立体几何进行讲解，会大大增强学生对于这些几何体的直观感受，对于培养学生的空间想象能力也会起着很大的促进作用。

二、学生要掌握画图技巧，强化空间想象能力

空间观念是形象思维与逻辑思维交替作用的过程，表达这种思维最好的语言，就是几何语言，也就是几何图形，实现由实物和模型到图形的过渡。学生要想培养

出空间想象能力，就必须摆脱对直观平面图形的依赖，这就要求学生可以掌握灵活画图技巧，所以教师在日常教学中，要对学生进行画图训练。立体几何是研究空间图形的，学生想要真正学好关于立体几何的知识，就要克服平面几何的思维限制，在看到图形的时候，应在大脑中对这个图形的空间形状有一个大致的印象。按照英国心理学家理查德·斯根普的观点，几何图形是一种视觉符号，与表象的形成密切相关。因此，当学生逐步摆脱直观模型的制约，转而对图形进行认知时，应适当增加关于图形运动变化的训练，让学生可以对图形的变式与运动过程有一个本质的认识，克服图形所带来的思维障碍。教师应该按照作图的法则，为学生做出示范，这样可以帮助学生掌握作图的方法和要领。同时，画图的顺序应该是由易到难、循序渐进的，所以教师可以先训练初中生平面图形直观图的画图能力，然后再训练空间几何的直观图、三视图和展开图的画图能力。画好图后，教师还可以把图形与实物模型做出对比，然后再根据直观图形的实际形状，逐步实现摆脱模型的目的。所以说，加强作图训练，是把实物几何化和培养学生空间想象能力的一个非常有效的途径。

立体几何的研究对象是空间图形。为了方便研究，我们需要把空间图形画在纸上或黑板上，纸和黑板的表面可以看作是平面，学生需要学习空间图形直观图的画法。画直观图的目的是解决对立体图形的理解和认识的问题，加强对立体图形的性质理解，借助图形推理论证，并以此培养学生的学习兴趣和良好的解题习惯。在教学的全过程中要有步骤地指导学生掌握绘制直观图的一般方法，有计划地提高学生的绘图能力。例如，画出三个平面把空间分成几部分的各种图形。实践证明，较好的图形及作图艺术能激发学生对空间图形的热爱和逻辑推理论证的追求，还可以促使他们进一步掌握几何图形的本质特征，达到图形与推理相互渗透、相互促进的理想效果。所以，对于立体几何的学习来说，良好的画图技能可以完整地还原脑海中的构思。因此，教师在日常教学中，要对学生进行关于直观图的画法与技巧的指导，并且要对学生强调画图的重要性，让学生能够明白，画图是立体几何学习中的一个重要的方法与技巧，对于二维平面转化为三维立体，有着重要的作用。教师不仅要对画图的方法与技巧进行理论指导，还要鼓励学生在实际学习中独立操作，加强学生的画图训练，在画图技能得到提高的同时，强化学生的空间想象能力。

画图也是有层次的。首先，教师要训练学生平面图形以及空间几何体的直观图的画图能力。在学生完成画图活动后，可以对直观图与实体模型进行一个现场对比，让学生可以根据直观图像想象出这个物体的实际形状。这种做法对提高学生的空间想象能力，逐步摆脱学习几何体依赖模型的问题，有着显著的积极作用。然后，教师再让学生利用数学语言描述所画出的图形。在画图训练中，教师不仅要求学生可以画出图形，还要对图的立体感有所要求。例如，教师可以选择一些比较有代表性的图片，让学生对这些图片进行对比分析，找出哪些图片的立体性最强烈，在这个过程中，自然而然地加强学生的空间想象能力。

几何问题中给出的几何图形，常由数学表达的基本概念、定理的基本图形经过组合、分解、交错、叠加形成的，这样的图形容易干扰对几何对象的感知。在日常教学中，教师可以在板书时利用彩色的粉笔，从背景图形中勾画出几何图像，让学生分析图形分解与组合的联系。在立体几何中，图形的分解与组合的练习形式非常多，常见的形式有平移旋转、对称变换、简单的图形向复杂图形的演变等。

平面图形能够真实地表明基本元素间的位置关系和数量关系，学生要通过观察图形获取有用的信息。但在三维立体空间中，基本元素间的关系变得非常复杂，三维空间形体的位置关系与数量关系是通过平面上的直观图来进行表示的。人们对于实物的视觉形象与图形无法形成完全一致，人与人对于实物形象的视觉反映也存在着一定的差异，这些因素都为学生准确捕捉到直观图的信息增加了困难。所以在实际教学中，教师要注意对平面几何概念与空间概念、平面图形与空间图形进行对比与类比，让学生可以掌握空间基本图形的性质与演变，从而能够进行理性的思考，有效提高学生的空间想象能力，帮助学生更好地掌握立体几何方面的知识。

三、灵活运用现代信息技术，激发学生的学习兴趣

立体几何具有强烈的抽象性与复杂性，如果教师在课堂上单纯地依靠平面图像来进行演示，对于学生来说是十分枯燥乏味的，教师可以在课堂中利用现代信息技术来对学生的空间想象能力进行训练。初中生正处于对未来和现代科技都充满好奇心的年龄，如果教师可以在课堂上利用现代信息技术（如多媒体投影仪）针对立体几何设计电脑动画，就可以清晰地向学生反映三维图形的构造，引起学生的注意，激发他们对空间想象能力训练的兴趣，从而帮助他们更好地学习立体几何知识，提高数学能力与成绩。

四、让学生自行准备常见的几何体模型

教师在进行立体几何的教学时，可以让学生根据自己的实际情况与兴趣，自己准备与教学内容有关的几何体模型，如在进行圆柱体学习时，学生可以自己准备罐头、饮料等圆柱体的实物作为学习工具来使用。学生可以通过对比图像和实物，来对几何结构加深认识。

例如，在教"几何体"部分时，教师可以鼓励学生深入到生活中去寻找或制作教材中的几何体并带到课堂上来。在寻找的过程中，学生便对几何图像有了感性的认识。在教"生活中的立体图形"时，教师可以通过对教具的使用，使学生理解、接受立体图形，再由学生画出正确的三视图。当学生寻找、制作的东西成为课堂上的教具时，学生的学习兴趣得到了大大提高，教学效果远比教师用现成的教具要好得多。又如"正方体的表面展开"这一问题的答案便有多种可能性。此时，教师应给学生提供一个展示和发挥的空间，让学生自己制作一个正方体纸盒，再用剪刀沿棱剪开，展成平面，用这种方式让学生去探索更多的可能性。这样的教学方法不仅充分调动了学生的积极性，还增强了学生的自信心，课堂上学生积极主动、兴趣盎然，无形中营造了一个活泼热烈、充满生命活力的教学氛围。

五、加强对基础知识的教学

初中数学教材中的基础知识可以分为两个方面：基本概念和基本规律。数学中的基础知识是数学知识的基石，只有学好基础知识，在进一步学习数学时，才不会感到困难重重。概念是反映对象一般属性和本质属性的思维形式，教师一定要在教学中注重对概念的讲解，概念理解得不清楚，会给学生的学习带来很多障碍。在课堂上讲解关于定理的知识时，一定要让学生分辨清楚哪些条件与信息是已知的，哪些条件与信息是需要证明才能得到的，从而明确学习目标。在证明定理时，一定要让学生做到有据可依、有理可循，每一个步骤都要有公式或者法则的支撑，不可以想当然地进行论证，也不能根据学生自己的直观反映来得出结论。在传授立体几何定理的相关知识时，要注意的一点是，在教学中，教师不仅要把定理的证明过程教给学生，还要把这个定理是如何证明的、应该如何分析教给学生，也就是教给学生问题的思考方式。学好基础知识，是一个逐步的、渐进的过程，对于学生形成空间

观念、发展空间想象能力有很大的帮助，也是学生形成和发展空间想象能力的一个必经阶段。

六、合理利用数形结合思想方法

数形结合思想方法的本质就是要求将表达空间形状、大小、位置关系的语言或式子与它的具体形状、位置关系结合起来，在"数"与"形"之间建立一种对应关系。这种对应关系的建立蕴含了抽象的思维活动，需要一定的空间想象能力才能完成。空间想象能力的基础是空间观念，而空间观念是建立在学生对现实世界的直观感知与认识的基础上的。因此，教师在数学教学中，要加强几何教学与实际生活之间的联系，帮助学生把具体的空间现实与抽象的几何概念结合起来并实现统一，以培养和发展学生的空间观念。在实际教学过程中，教师要把现实生活中的实例融到几何概念、探讨几何图形性质的教学中，同时，也要给学生自己亲手操纵、亲自体验的机会，让学生可以参与到数学学习中去，以此来形成和发展学生的空间观念。

由"形"到"数"是要求，由"数"到"数"是追求。初中阶段的学生要适应"数"转化为"形""数"转化为"数"的抽象思维，因为在对"数"与"形"的知识有了一定的积累后，他们的几何直观图形的感知力与逻辑思维能力都会得到一定的锻炼与提升。学生在解题时，不一定每次都要把那些比较简单的图形画出来。如果学生可以通过大脑中的图形，利用数量关系式对其进行解答，这是最好不过的事情，因为这是提高学生空间想象能力的最高追求。教师在培养学生空间想象能力的教学过程中，一定要注意充分利用数形结合的方法，对数学进行数学语言、数学表达式与图形之间的互译训练，以此来达到对学生空间想象能力培养的目标。数形结合的教学方法可以培养学生的空间观念和数感，还可以帮助学生对形象思维与抽象思维进行切换运用，这是多种思维互相促进并实现和谐发展的主要形式。

七、利用直觉思维能力

著名数学家柯尔莫哥洛夫曾经说过："只要有可能，数学家总是尽力把他们正在研究的问题从几何上视觉化……结合想象或如同人们所说的几何直觉，对于几乎所有的数学分科的研究工作，甚至对于最抽象的工作有着重大意义。"几何直觉能力能把抽象的问题形象化，是空间想象能力的最高要求，也是空间想象能力发展的最高层次，这是空间观念、意识、想象力在处理数学问题时的迁移与运用。因此，几何直觉能力的训练应该贯穿于整个初中数学训练，从始至终都不应该间断。由此可见，在数学学习中，几何的视觉化、形象化的能力在促进学生理解、记忆和运用数学知识方面有很大的意义，在学生提出数学问题并解决数学问题方面，依然有很大的作用。因此，人们常常把几何直觉看作是培养学生创新能力的基础内容，这在教学中的重要性不言而喻。

空间想象能力是数学能力的一个重要组成部分。培养学生的空间想象能力在整个初中教学任务中占据着重要的地位，它是初中数学教学目标的基本任务。空间想象能力是学生运用数学知识来分析并解决实际生活中的问题的重要保障。在立体几何教学中，教师要从学生的实际空间想象能力水平出发，有目的、有计划、有要求、有反馈地进行，切不可一蹴而就；教学内容要从简到难，从浅到深，循序渐进，有条不紊地进行教学。教师可以运用直观的手段，通过展示模型或其他的课件来吸引学生的注意力，引导学生对这些几何体进行观察与分析。然后，教师再引导学生从这个几何体的不同角度进行画图活动，借助这些图形来完成对几何体所包含的定理的推理与论证，让学生可以逐步形成空间观念，从而有意识地培养学生的空间想象能力与逻辑思维能力，并且使学生更好地处理这两种能力之间的关系。

八、做好新旧知识的衔接工作

初一数学教师应该在学生进入初中的初始阶段，就通过介绍、摸底测验、与学生促膝面谈等方式了解学生掌握知识的程度和学生的学习习惯，了解学生在小学阶段形成的知识体系。同时，教师要把立足点放在初中的教学大纲和数学教材上面，分析初中一年级第一学期的内容，从各种角度对那些比较难理解和难掌握的知识点（如解析几何、映射、函数）的内容、特点、方法等进行详细的讲述，并把学生理解的盲点考虑进去，让学生做好小学与初中知识的衔接。这个教学方法主要是针对初中的平面图形和立体几何的知识。在初中阶段，基本上是在初中二年级才会让学生系统、规范地学习立体几何知识。数学知识点之间的联系是十分紧密的，所以教师一定要帮助学生做好二维平面到三维空间的转化，帮助学生可以更好地学习立体几何知识，提高学生的空间想象能力。

培养学生的空间想象能力是为了提高学生的整体数学素养，所以教师在进行教学时，一定要制订一个完整、可行的计划，以此来完成培养学生空间想象能力的教学任务。

九、让学生主动学习

"兴趣是最好的教师"，教师可以激发初中生对于空间想象训练的兴趣，让学生可以更好地学习立体几何的知识，提高空间想象能力。以下将通过一个真实的例子来了解兴趣对数学学习起到的作用。著名生物学家达尔文小时候很普通，但是由于他对大自然十分热爱，并且对于大自然的学习有无限的热情，所以写出了《物种起源》等对人类有重大贡献的著作。所以说，如果学生对数学产生了浓厚的兴趣，他就会主动并且十分积极地去学习，并且可以在学习的过程中高度集中自己的注意力，在这种精神状态下学习，效果往往是事半功倍的。教师在讲授立体几何这门课程时，要了解学生的感受，如教师感觉自己已经讲得很清楚了，但是学生往往还感觉很茫然，尤其是对于画图这部分内容，更是感觉无从下手。所以教师在日常数学教学中，一定要注意充分调动学生的兴趣与好奇心，让学生在课堂上占据主体地位，主动积极地进行数学学习活动，且可以主动思考问题。教师可以在讲授每一个课堂小节之前，根据这堂课的教学目的设计个符合教学任务的问题，让学生带着这个问题去学习。初中生为了一个目标而开展的学习活动，往往会使学生有更加浓厚的好奇心，能更有效地激发学生的学习兴趣。

在数学教学过程中，教师要有计划地扩大学生的知识面，所以可以在课堂中增加一些教材中没有的内容，让学生可以在自己已经形成的知识体系的基础上，不断汲取新的知识养分，让学生感觉自己真正学到了一些知识，这样才能够顺利培养出学生的数学学习兴趣。在教学中，教师可以根据教学目标与教学内容，提出符合教学内容与学生数学水平的问题，然后让学生进行回答。这样学生就可以参与到教学活动中，教师也可以通过启发式的提问来让学生进行积极的思考，从而达到激发学生数学学习兴趣的目标，获得更好的教学成果。例如，在学习立体几何中三视图的内容时，教师可以利用数学模型，让学生从不同的角度来对其进行观察与分析，然后再简单画出这个物体的三视图。这样不仅可以锻炼学生的空间想象能力，还可以让学生从实践活动中获得学习数学的乐趣。

教案是以教师的"教"为主要教学活动，强调的是"教"，属于"师本教育"；

学案是从"学"入手，强调的是"学"，属于"生本教育"。新课改强调要使学生成为学习的主人翁，他们应该掌握学习的主动权。高效课堂也更加注重学生的学，教师只是学习的引导者和参与者。因此，初中数学教师可以使用学案代替教案，根据学生的实际情况来制订具有针对性的教学计划，使数学课堂成为能够真正为学生解难答疑的课堂，从而使初中生不断提高自己的数学学科素养，进而有效培养学生的数学学科能力。

十、改善教学方法

美国著名的教育心理学家奥苏伯尔根据学生学习的方式，把学习分为接受学习和发现学习；根据学习的内容，把学习分为机械学习和有意义学习。接受学习是教师引导学生接受事物意义的学习，"教师讲授，学生接受"是课堂学习的主要形式；发现学习是在教师不对教学内容进行讲述的前提下，学生依靠自己的能力去寻求新知识的解决方法，从而获得新知识的一种学习方式；机械学习不是对学习内容进行理解，而是对其进行反复背诵的学习，也就是说，只是机械地记忆学习材料；有意义学习是使用符号所代表的新知识和学习者认知结构中已有的适当的概念，建立起非人为的实质性关系。

有意义的学习需要具备两个条件：①学生要具有有意义学习的意向，即是要有把新知识和认知结构中原有的适当的观念联系起来的意向；②学习材料对学习具有潜在意义，即学习材料具有逻辑意义，并且可以和学生的认知结构中的有关概念联系在一起。在传统教材中，从点、线、面的知识开始，然后才讲解组合体等内容，这与学生的认知结构是不一致的。教师在讲授制图过程的时候，要根据学生的认知结构来进行教学，把书本上的知识和学生的认知结构联系起来。例如，教师在讲解关于点、线、面的新知识时，可以先引入三维几何的概念，在对三维几何讲解的基础上，从三维几何延伸到平面图形，然后再延伸到关于点的知识的讲解。也就是说，教师可以以立体几何为教学大纲来进行讲授，讲解的重点也可以以立体几何为中心来开展，使得新知识与学生已有的知识结构联系起来，然后再对学生的画图、识图能力进行训练。总而言之，教师可以结合学生的心理需求，综合改进自己的教学方法，让学生可以更加适应数学学习，更容易获得数学的成就感。

学习是一个由"不知"到"知"，从"知之甚少"到"知之甚多、甚广乃至甚深"的过程。因此,在立体几何教学中,教师应尽量出示直观模型,通过展示模型和教师制作的几何课件,引导学生进行观察,进而在观察的基础上引导学生从不同的角度来作图,并借助图形进行推理论证,帮助学生逐步形成空间概念,有意识地培养初中生的空间想象能力及逻辑思维能力。为了兼顾不同学生的不同数学学习需要,分层教学法成为现代人们关注的重点教学方法。由于这种教学方法是为了让每个初中生都能够获得发展,所以深受广大初中生的喜爱。

第四节　逻辑思维能力培养

一、培养抽象思维能力

（一）抽象概念形象化

从初中开始,代数部分的学习就涉及几何概念。在几何知识结构中,第一个概念就是平面,如教室、黑板等。教师可以利用这些身边的事物原型,把抽象的数学概念形象化,让学生可以进行观察,然后就观察到的实物与抽象的数学概念进行联系,把抽象物形象化之后,再根据具体的实物对其进行抽象的概括。例如,对于线面关系,学生可以利用教室的墙壁或教师的讲台来进行理解。把抽象的数学模型变为现实生活中直接存在的具体事物,可以帮助学生缩小思维的跨度,帮助学生理解这些抽象的数学知识。

（二）抽象结论具体化

如果学生没有真正挖掘出已知题目的确切含义,就无法进行解答,思维会受到限制。因此,初中生在进行数学习题训练时,要把题目中已知条件的所有信息进行仔细、反复的推敲,找到这些条件和数据的确切含义,才能够顺利地对问题进行解答。要做到这一点,学生就要增强思维的变通性,并且要不怕困难、迎难而上,不可以对训练中遇到的困难产生畏惧的心理。教师在进行这种训练时,要注意鼓励学生,让他们克服畏难的心理障碍,对数学学习产生兴趣,增加他们学习的自信心,提升数学学习效率。

（三）抽象方法通俗化

数学归纳法的验证。有这样一个简单的例子：一串鞭炮的引线是相互连接的，如果前面一根引线被点燃引起鞭炮爆炸，也必然会引起下一个鞭炮的爆炸。如果想要把这串鞭炮全面引燃的话，需要点燃多少引线？如果引线之间没有相连的话，又会有什么后果？

这个例子可以让学生清晰地认识到数学归纳法验证的重要性，使其明白归纳假设是初中数学学习中必不可少的一种学习方法。由熟悉的问题开始反思，可以让学生的思维更加活跃，能够使学生在无意中完成由形象思维到抽象思维的过渡。学生可以通过验算，检查这个结果的正确性及证明过程的正确性，从而增强思维的反思性。

（四）平淡教学的有机渗透

教师在数学教学过程中，可以把平淡教学渗透到课堂教学中。平淡教学的学习难度比较小，数学研究对象的抽象度也比较低，基础知识也比较简单。对于学生来说，学习难度比较小，可以让学生集中精力训练思维。

总而言之，初中生提高自己抽象思维能力最重要的一点，就在于日常学习中教师的引导及自己的训练。学生要进行大量的训练，相信勤能补拙，不要害怕困难。对于抽象思维能力水平比较低的学生，教师要有耐心，帮助他们制订循序渐进的可行性计划，让他们可以对数学抽象思维训练有一定的信心，对数学学习更有兴趣，以此来达到对他们抽象思维能力进行培养和提高的教学目的。

二、发展数学探索性逻辑思维

（一）发挥学生的直觉作用

直觉是探索性思维的重要组成部分。牛顿曾提出："没有大胆的猜想，就没有伟大的发现。"19世纪曾有一位数学研究者也有与牛顿相同的看法，他指出："我们用逻辑证明，但常用直觉发现。"可见，直觉对学生探索性思维的培养有着至关重要的作用，所以教师在数学教学活动中一定要把发挥学生的直觉作用提上日程。例如，可以通过实物、模拟等展示数学知识，还可以用比较直观、形象的语言进行数学讲解，从而发挥学生的动手操作能力。

（二）创设探索的情境

创设探索的情境可以帮助学生把精神和注意力都集中在课堂活动中，发展探索性思维。不可否认，与语文和英语等学科的生动性相比，数学课是十分抽象、枯燥的。因此，数学教师要更加重视情境的创设。教师可以引入学生感兴趣的话题，把数学课堂变得更加生活化，也更加贴合实际生活。教师通过创设学生感兴趣的情境，激发学生对数学的学习兴趣，并且在这个有趣的教学活动中，有效地培养和发展学生的探索性思维能力。

（三）激发学生对数学的学习兴趣

众所周知，"兴趣是最好的教师"。教师如果在数学教学中激发并维持了学生对于数学的学习兴趣，那么学生们的探索性思维能力便能够得到有效培养，学生的思维在整个课堂中也会处于一种比较活跃的状态。教师可以通过动人的场景、诱人的悬念、猜想、有趣的故事等方式进行数学教学，从而让学生的探索性思维得到真正意义上的发展。

（四）展现结论的产生源头

传统的数学教学理论认为，数学概念、数学定理、数学公理和数学公式等是思维的基础及出发点。传统教学中，教师很少会讲述数学知识的来源。现代的数学教学理论认为，数学概念、数学公理、数学定理和数学公式等既是思维的起点，又是思维的终点，既有过程性，又有结果性。任何结果，都是经过一定思考活动的产物。所以说，这些数学概念、数学公理、数学定理、数学公式等的思考过程，恰恰是进行探索性思维培养的最佳素材。教师在教学过程中，要重视对这些素材的挖掘和使用，从而对培养和发展学生的数学探索性思维起到促进的作用。

（五）设计合理的问题

问题是数学的心脏，恰当地提出问题可以帮助学生形成和发展探索性思维能力，提高初中数学教师的教学效率。教师在设计数学题时，需要注意下面几个方面。

1. 引导和鼓励一题多解、一题多变

对于同一道题目，可以寻找多个解法或者通过不断地变化条件与结论，培养学生的探索性思维能力，加深他们对相关数学知识的理解程度；还可以把这些数学知识进行综合考虑，在运用时，做到更加灵活多变。

2. 增加开放性试题的数量

开放性试题的本质特点就在于它的开放性，这能够打破学生死记硬背、机械模仿的局面，让学生在学习数学时能够主动思考并积极地参与到这个过程中，这对于培养初中生的探索性思维能力有非常大的帮助。因此，教师在教学中要注意增加开放性试题的训练，让学生可以运用思维活动进行探索性的学习。

（六）教师要强调思维的连贯性

思维要连贯，是指初中生在思考数学问题的过程中，要保持思维的连贯性。学生只有保持思维的连贯性，才能够真正形成探索性思维能力。"少年强则国强"，青少年是国家未来的希望与栋梁，探索性思维能力对国家的发展有着促进作用。

三、提高数学直觉思维能力

（一）找准数学思维能力培养的突破口

心理学家认为，培养学生的数学思维品质是培养和发展数学能力的突破口。思维品质包括思维的深刻性、敏捷性、灵活性、批判性和创造性，它们反映了思维品质不同方面的特征，因此，在教学过程中应该有不同的培养手段。思维的深刻性是指，数学的性质决定了数学教学既要以学生为基础，又要培养学生的思维深刻性。数学思维的深刻性品质的差异，集中体现了学生数学能力的差异。在数学教学中培养学生数学思维的深刻性，实际上就是培养学生的数学能力。教师在数学教学中应当教育学生学会透过现象看本质，学会全面地思考问题，养成追根究底的习惯。数学思维的敏捷性，主要反映在正确的前提下的速度问题。在数学教学中，教师不仅要考虑训练学生的运算速度，还要尽量使学生掌握数学概念、原理的本质，提高他

们所掌握的数学知识的抽象程度。因为所掌握的知识越本质，抽象程度越高，其适应的范围就越广泛，检索的速度也就越快。因此，在数学教学中，教师应当时刻向学生提出速度方面的要求，使学生掌握速算的要领。为了培养学生的思维灵活性，应当增强数学教学的变化性，为学生提供思维的广泛联想空间，使学生在面临问题时能够从多种角度进行考虑，并迅速建立起自己的思路，真正做到举一反三。教学实践表明，变式教学对于培养学生思维的灵活性有很大作用。例如，在概念教学中，让学生使用等值语言叙述概念；在数学公式教学中，要求学生掌握公式的各种变形等。要培养学生的创造性思维品质，首先应当使学生融会贯通地学习知识，养成独立思考的习惯。在独立思考的基础上，还要启发学生积极思考、多思善问。在数学教学中，教师应当鼓励学生提出不同的看法，引导学生积极思考和自我鉴别。《义务教育数学课程标准（2011年版）》和教材为教师培养学生的创造性思维开辟了广阔的空间。批判性思维品质的培养，可以把重点放在引导学生检查和调节自己的思维活动过程上。教师要引导学生剖析自己发现和解决问题的过程；学习中运用了哪些基本的思考方法、技能和技巧，它们的合理性如何，效果如何，有没有更好的方法；学习中走过哪些弯路，犯过哪些错误，原因何在。

（二）教会学生思维的方法，要求学生善于思维

学生和教师必须重视基础知识的学习和基本技能的培养，没有扎实的双基，学生的思维能力就得不到提高。数学概念和定理是推理论证和运算的基础，准确地理解概念和定理是学好数学的前提。教师在教学过程中要提高学生观察分析、由表及里、由此及彼的认识能力。数学概念、定理是推理论证和运算的基础。在例题课中，教师要把解题思路的发现过程作为重要的教学环节，不仅要让学生知道该怎样做，还要让学生知道为什么要这样做，是什么促使学生这样做、这样想的。在数学练习中，学生要认真审题，细致观察，对解题起关键作用的隐含条件要有挖掘的能力，会运用综合法和分析法，并在解题过程中尽量学会用数学语言、数学符号进行表达。此外，还应加强分析、综合、类比等方法的训练，提高学生的逻辑思维能力；加强逆向应用公式和逆向思考的训练，提高学生的逆向思维能力；通过解题错、漏的剖析，提高学生的辨识思维能力；通过一题多解（证）的训练，提高学生的发散思维能力等。

（三）善于调动学生内在的思维能力

一要培养兴趣，让学生迸发思维。教师要精心设计，使每节课形象、生动，要有意识地创造动人的情境，设置诱人的悬念，引导学生擦出思维的火花，激发学生求知的欲望。教师还要经常指导学生运用已学的数学知识和方法解释自己所熟悉的实际问题。

二要分散难点，让学生乐于思维。对于较难的问题或教学内容，教师应根据学生的实际情况，适当分解，减缓坡度，分散难点，给学生乐于思维创造条件。

三要鼓励创新。教师要让学生学会独立思考，鼓励学生从不同的角度去观察问题、分析问题，养成良好的思维习惯和品质；鼓励学生敢于发表不同的见解，促进学生思维的广阔性发展。当然，良好的思维品质不是一朝一夕就能形成的，但只要根据学生的实际情况，通过各种手段，坚持不懈、持之以恒，就必定会有所成效。

学生的学习兴趣总是和成功的喜悦紧密相连。例如，听懂一节课，掌握一种数学方法，解出一道数学难题，测验得到好成绩，平时教师对自己的鼓励与赞赏，都能使学生从这些经历中体验到成功的喜悦，激发起更高的学习热情。因此，在平时学习中，学生要多体会、多总结，不断从成功（哪怕是微不足道的成绩）中获得愉悦，从而激发学习的热情，提高学习的兴趣。

（四）认清学习能力状态

1. 心理素质

学生能否将其在特定环境下所具有的荣誉感与成功感带到数学学习的过程中，要看他（她）是否具备面对挫折冷静分析问题、克服困难走出困境的能力。会学习的学生，因学习得法而成绩好，成绩好又可以激发兴趣，增强信心后，更加想学，知识与能力得到进一步发展，从而形成良性循环；不会学习的学生，因学习不得法而成绩不好，如能及时总结教训，改变学法，变不会学习为会学习，经过一番努力还是可以赶上去的，如果任其发展，不思改进、不努力、缺乏毅力与信心，成绩就会越来越差，能力得不到发展，便会形成恶性循环。因此，初中学习是对学生心理素质的考验。

2. 学习方式、习惯的反思与认识

（1）学习的主动性

许多学生在进入初中后，还像小学生那样有很强的依赖心理，跟随教师的惯性运转，没有掌握学习的主动性。具体表现在：不制订计划，坐等上课，课前不预习，对教师要讲的内容不了解，上课忙于记笔记而忽略了真正听课的任务等，顾此失彼，从而被动学习。

（2）学习的条理性

教师上课一般都要讲清知识的来龙去脉，剖析概念的内涵和外延，分析重点和难点，突出思想和方法。有些学生上课没能专心听课，对要点没听到或听不全，笔记记了一大本，问题也有一大堆，课后又不能及时巩固、总结、寻找知识间的联系，只是忙于做作业，对概念、法则、公式、定理一知半解，机械模仿，死记硬背；有些学生晚上加班加点，白天无精打采或是上课根本不听，自己另搞一套，结果事倍功半，收效甚微。对此，初中生要注重学习的条理性，合理分配与安排自己的学习计划。

（3）学生在做练习题时的不良习惯

学生在做练习题时的不良习惯主要有：对答案，不相信自己的结论，缺乏解决问题的信心和决心；遇到问题不独立思考，养成一种依赖心理；慢腾腾地做题，不讲速度，训练不出思维的敏捷性；心思不集中，效率不高。

（五）知识的衔接能力

一方面，小学数学教材的内容通俗具体，多为常量，题型少而简单；而初中数学内容抽象，多研究变量、字母，不仅注重计算，还注重理论分析，与小学教材相比增加了难度。另一方面，与小学数学相比，初中数学知识的深度、广度和对学生能力的要求都是一次质的飞跃，这就要求学生必须掌握基础知识与基本技能，为进一步学习做好准备。近几年，《义务教育数学课程标准（2011年版）》调整了教材内容，虽然降低了小学和初中的教材的难度，但相比之下，初中降低的幅度更大。虽然有的内容中考不涉及，教师不讲或讲得较浅（如二次函数及其应用），但需要经常提到或应用它来解决其他数学问题。因此，从一定意义上讲，调整后的教材不仅没有缩小小学和初中教材内容的难度差距，反而还加大了。如果不采取补救措施，查缺补漏，就会导致学生成绩的分化。这里主要涉及小学和初中知识、能力的衔接问题。

所以在实际数学教学中，教师一定要做好小学与初中的知识衔接，在小学与初中阶段都要增加对数学思维能力的训练，让学生可以更好地学习数学，提高自己的数学思维能力。

（六）努力提高自己的能力

1. 改进学法，培养良好的学习习惯

不同学习能力的学生有不同的学法，应尽量学习能力较高的学生的学习方法。改进学法是一个长期性的系统积累过程，学生只有不断地接受新知识，不断地遭遇挫折，不断地提出疑问，不断地总结，其学习能力才会得到不断的提高。不会总结的学生的能力是不会得到提高的，挫折和经验是成功的基石，自然界适者生存的生物进化过程便是最好的例证。学生要经常总结学习的规律，多与教师和其他同学接触交流；逐步总结出更有效的学习步骤，包括制订计划、课前自学、专心上课、及时复习、独立作业、解决疑难、系统小结和课外学习，简单概括为四个环节（预习、上课、整理、作业）和一个步骤（复习总结）。每一个环节都有较深刻的内容，都带有较强的目的性和针对性，学生要将其落实到位。

在课堂教学中要培养学生的听课习惯。听是主要的，听能使学生集中注意力，把教师讲的关键部分听懂、听会。听的同时应注意思考、分析问题，光听不记或光记不听会顾此失彼，使课堂效益低下。因此，学生应适当地记笔记，领会课上教师的主要精神与意图。在课堂、课外练习中培养学生的作业习惯。学生的作业不但要整齐、清洁，而且要有美感，让教师在批阅的时候获得美的感受。教师可以培养学生独立思考和解题正确的责任感。做作业时要提倡效率，应该十分钟完成的作业，不能拖到半小时完成，拖拖拉拉的作业习惯会使学生思维松散、精力不集中，这对培养学生的数学能力是有害无益的。数学学习习惯必须从初一年级抓起，无论从年龄增长的心理特征上来讲，还是从学习不同阶段的要求上来讲，都应该对学生进行学习习惯的指导。

2. 加强45分钟课堂效益

数学课堂是初中数学教学的主阵地,教师应充分利用课上的45分钟,那么教师应该如何做呢?

（1）抓教材处理

学习数学的过程是活的,教师教学的对象也是活的,都在随着教学过程的发展而变化,尤其是当教师注重能力教学的时候,教材是反映不出来的。数学能力是随着知识的发生而形成的,无论是形成一个概念、掌握一条法则,还是会做一道习题,都应该从不同的角度来培养和提高能力。通过教师的教学,学生应该理解所学内容在教材中的地位,弄清与前后知识的联系等,只有把握住教材,才能掌握学习的主动性。

（2）抓知识形成

数学的一个概念、定义、公式、法则、定理等都是数学的基础知识,这些知识的形成过程很容易会被忽视。事实上,这些知识的形成过程正是数学能力的培养过程。一个定理的证明,往往是新知识的发现过程,在掌握新知识的过程中,就培养了初中生的数学能力。因此,教师要改变重结论轻过程的教学方法,要把知识的形成过程看作是数学能力培养的过程。

（3）抓学习节奏

数学课没有一定的速度就是无效学习,慢腾腾地学习是训练不出思维速度,训练不出思维的敏捷性,培养不出数学能力的。这就要求学生在数学学习中一定要有节奏,久而久之,其思维的敏捷性和数学能力就会逐步提高。

（4）抓问题暴露

在数学课堂中,教师一般少不了提问与板演,有时还伴随着问题讨论。对于那些典型问题或带有普遍性的问题都必须及时解决,不能把问题的症结遗留下来,甚至沉淀下来。在学习过程中,暴露的问题要及时处理,遗留的问题要有针对性地补充,要注重实效。

（5）抓课堂练习

抓好练习课、复习课、测试分析课的教学,数学课的课堂练习时间每节课占1/4～1/3,这是对数学知识记忆、理解、掌握的重要手段。对此应坚持不懈,这既是一种速度训练,又是能力的检测。对于哪些知识需要补救、巩固、提高,哪些知识、能力需要培养、加强应用，教师在上课时应进行针对性的教学。

（6）抓解题指导

教师要指导学生合理选择简捷的运算途径，这不仅是迅速运算的需要，还是运算准确性的需要。运算的步骤越多，繁度就越大，出错的可能性就会增大。因此，应根据问题的条件和要求，合理地选择简捷的运算途径。这不但是提高运算能力的关键，而且是提高其他数学能力的有效途径。

（7）抓数学思维

方法的训练。数学学科担负着培养运算能力、逻辑思维能力、空间想象能力，以及运用所学知识分析问题、解决问题能力的重任。它的特点是具有高度的抽象性、逻辑性与广泛的适用性，对学生能力的要求较高。只有不断进行数学思维训练，学生的数学能力才能得到培养与提高。

教师要注意，提高学生数学能力的过程是循序渐进的，切不可过焦过躁，学生也要防止急躁心理的出现。有的学生贪多求快；有的学生想靠临时抱佛脚来提高自己的数学能力；有的学生为取得一点成绩而感到沾沾自喜，在遇到挫折后又一蹶不振……教师要针对这些实际问题，有针对性地进行教学。数学能力的提高是一个需要长期坚持的过程。知识的积累和能力的培养都是长期的过程，我国数学家华罗庚先生倡导的"由薄到厚"和"由厚到薄"的学习过程就是这个道理。随着近几年中考试题中应用性问题的出现，并且所占分值变得越来越大，这对学生如何把所学的数学知识应用到实际生活中，解决实际问题的能力提出了更为严峻的挑战。因此教师在日常教学中，应加强对应用数学意识和创造思维方法与能力的培养与训练。

第六章　学生数学能力培养

数学教学是数学思维过程的教学，学生学习数学的过程是头脑中构建数学认知结构的过程，而基本知识、基本能力是培养和提升学生数学素养、发展实践水平和创新精神的基础，是学生进一步学习和发展的必备条件。

第一节　几何直观能力培养

一、几何直观的基本认识

（一）几何直观的含义

《标准》指出："几何直观主要是指利用图形描述和分析问题。借助几何直观可以把复杂的数学问题变得简明、形象，有助于探索问题的解决思路，预测结果。几何直观可以帮助学生直观地理解数学，在整个数学学习过程中都发挥着重要作用。"

20世纪伟大的数学家希尔伯特（Hibert）在其名著《几何直观》一书中谈到，图形可以帮助我们发现、描述研究的问题，可以帮助我们寻求解决问题的思路，可以帮助我们理解和记忆得到的结果；荷兰数学教育家弗莱登塔尔指出：几何直观能告诉我们什么是可能重要、可能有意义和可接近的，并使我们在课题的荒漠之中免于陷入歧途之苦。

徐利治先生也指出："直观是借助于经验、观察、测试或类比联想所产生的对事物直接的感知与认识，而几何直观是借助于见到的或想到的几何图形的形象关系，对数学研究对象进行直接感知。"

几何直观就是通过观察，借助经验，利用几何图形对数学问题进行描述和分析，把复杂问题简单化，有助于帮助我们理解问题，寻求解决问题的思路和方法。

（二）几何直观的表现

康德认为：几何直观可以分为经验直观和纯粹直观。在中小学数学中，几何直观主要可以分为实物直观演示、符号直观和图形直观展示。

实物直观演示是指利用与研究对象有着一定联系的实际物体进行形象思考，从而获得对研究对象的判断。

符号直观是在实物直观演示的基础上，进行简化、抽象而形成的几何直观。

图形直观展示是以明确的几何图形为载体的几何直观。

（三）几何直观的价值

几何直观在数学学习中起着联络、理解、形象，甚至提供解题方法的作用，同时也是理解数学知识的有效渠道，数学学习依靠直观来进行思考。因此，几何直观有助于将抽象的研究对象直观化、显现化。例如，利用线段可以帮助学生很形象、直观地理解行程问题中的数量关系；利用多媒体展现"勾股树"，可以让学生感受数学美。因此，几何直观还能帮助学生理解数学，培养学生的创造思维，培养学生科学的思维方式，帮助学生产生数学美。几何直观无论是在学生学习数学中，还是在以后的学习研究中，都有很大的价值。

二、几何直观能力的培养途径

（一）提升教师意识，注入动力

首先，要提升教师领悟《标准》精神的意识。《标准》颁布已有两年多了，虽然各级教育机构举办了各种培训，但教师对《标准》的理解不深刻、认识不到位，对《标准》进行深入细致地研读的教师非常少，而能够领悟《标准》精神的教师就更少，不少教师的教学业务水平跟不上课程改革的要求，培养初中生几何直观能力的自觉意识非常差，这都源于教师心中根本没有《标准》的存在，教学中我行我素。

其次，要提升教师钻研教材内容的意识。教材是《标准》精神的具体体现，教材中哪些例题和习题的学习是培养学生几何直观能力的，教师要了然于心；教材中例题和习题的学习是培养学生几何直观哪一方面能力的，教师要心中有数，这就需要教师有意识地学习教材内容，才能很好地付诸行动。

最后，要提升教师了解学生学情的意识。学生该阶段的思维在哪个层次，接受能力如何，是采用实物直观、替代物直观，还是采用简约符号直观、图形直观，教师要有这方面的意识，对学生几何直观能力的培养才有效。

在教学活动中，一些教师懒得画图、不想演示、不愿操作等，教师认识不到能力培养的重要性，缺乏运用几何直观分析问题的意识，便捕捉不到教学中培养学生几何直观能力的机会，更谈不上对学生几何直观能力的培养。因此，提升教师这些方面的意识是培养初中生几何直观能力最有效的途径。

（二）合理编写教材，搭建平台

教材是完成教学目标、培养目标的载体。从宏观方面来看，整个数学教材体系的编排（包括从小学到大学）要充分体现阶段性、层次性、连续性。虽然各版本数学教材的编排都会考虑到此因素，但实际情况是小学、初中、高中各阶段学生学习的是不同的版本教材，教材体系被打乱，连续性没有了，甚至出现重复或遗漏的现象。

从宏观方面来看，一本数学教材的编写要考虑以什么样的合理方式来培养学生的几何直观能力，既要考虑量的因素，又要考虑质的因素，还要考虑该能力的培养与其他能力培养之间的关系，避免出现培养学生几何直观能力不重就轻的现象。

从微观方面来看，教材中的例题、习题、复习题、探索题，甚至阅读材料，给学生渗透哪一方面的几何直观都要精心设计，教材中不仅仅提供相应的素材给教师和学生思考、分析，关键是在恰当的时机提供给学生好的素材，才是有效的培养。

因此，合理编写教材，借助图形、符号、实物、替代物等直观的方式帮助学生更好地理解概念，探索解决问题的思路，预测结果，对培养初中生几何直观能力有着重要的作用。

（三）参与实验活动，内化能力

首先，师生要参与丰富的数学实验活动。虽然学生的几何直观有先天的成分，但是，高水平的几何直观的养成，却是主要依赖于后天，依赖于个体参与其中的几何活动，包括观察、操作（特别是诸如折纸、展开、折叠、切截、拼摆等）、判断、推理等，同样，教师在教学活动中也要积极参与几何活动，采用"折一折、摆一摆、拼一拼、量一量、画一画、剪一剪"等具体的活动示范给学生看，该能力的培养既不是一两个例子，也不是一朝一夕就可以达到目标的，必须要有丰富的实验活动、长期的坚持不懈才可能实现。

其次，师生要有深层次的分析思考，在利用图形描述和分析问题中，教师要讲明：你是怎样想到设计图形来分析问题的？你又是怎样利用图形来分析问题的？遇到相同问题能否设计图形来分析问题？多数教师只是宏观地利用图形思考、分析、解决问题，没有更为微观的、具体的如何利用的方法，造成几何直观能力无法内化。

只有教师与学生共同参与更丰富的数学实验活动，通过教师的示范引领作用，结合学生观察、触摸、测量、制作和实验，把视觉、听觉、触觉、动觉协调起来，强有力地促进心理活动的内化，才能潜移默化地培养学生的几何直观能力。

（四）改革评价制度，减少阻力

现行用人制度中的唯文凭论，导致教育的应试性，造成学校、家长、社会评价教师能力、教学水平的唯一标准就是学生的分数，这束缚了教师的手脚，即使教师认识到培养学生几何直观能力的重要性，也不会花更多的精力、时间来教学，因为考试时很难考查学生这方面的能力，于是，教师基本不教教材中综合与实践内容，对测量旗杆的高度纸上谈兵，抛硬币实验根本不做，需要学生动手操作、动手画图、动手实验的内容也大打折扣，即使对学生进行几何直观能力的培养，也只是停留在解题技巧上，针对考试，而不是培养学生的几何直观思维，这对学生以后的发展、在数学研究及其他学科上的运用都没有意义。

只有改革现行的评价制度，松开教师的手脚，才可能真正培养学生的几何直观能力，才有可能出现由于几何直观推动非欧几何的研究及其应用，黎曼几何对爱因斯坦建立广义相对论所起的重要作用，纤维丛几何理论与近代理论物理学中的规范场理论的密切联系等。

（五）认识直观局限，避入误区

自从《标准》颁布后，一些教师便开始轰轰烈烈地培养学生的几何直观能力，不顾学生的年龄阶段，不注意直观的背景材料的选择，只是直接观察，不深入分析、推理、论证，这样不但没有真正培养学生的几何直观能力，反而阻碍了学生抽象思维的发展，其实质还是教师没有真正领悟《标准》的精神。

《标准》指出：几何直观主要是指利用图形描述和分析问题。借助几何直观可以把复杂的数学问题变得简明、形象，有助于探索解决问题的思路，预测结果。提供思路，预测结果，不能代替逻辑推理，但教师高估了几何直观的作用，北师大版数学教材中有几处向学生渗透"直觉和想象有时未必准确"的想法，指出几何直观的局限性，突出证明的意识。

一般来说，几何直观利于粗略而失于精细，宜于比较谁大谁小，而无法确定大了多少，适合判断正确与错误的结论，而难以代替抽象的推理论证。因此，教师只有充分认识到几何直观的局限性，避免培养学生几何直观能力中出现负能量，才能做到学生几何直观能力的有效培养。

培养学生几何直观能力不是提口号、发文章就有效的，既要有制度的革新，松开教师的手脚，又要有教材的合理编写，提供师生"施展拳脚"的舞台；也不是一蹴而就的，既要有教师自觉意识的提升，又要有教师对几何直观全面的认识，还要师生持之以恒地参与数学实验活动，才能慢慢地培养学生的几何直观能力，有利于学生的学习，有助于学生的发展。

第二节　自学能力培养

一、通过预习、学习及复习培养初中生的自主学习能力

（一）课前预习

目前，大多数初中生不会阅读数学教材，对即将学习的新内容心中无数；大部分学生处于被动听课状态，而没有解决问题的需要，学生的学习处于一种盲目接受的状态。因此，为改变初中生的数学学习现状，指导学生进行课前预习对激发学生课堂学习的积极性具有重要作用。

怎样指导学生进行课前预习呢？首先，教师让学生明确学习目的，即给学生提出预习的要求、方法等；其次，在提出预习要求时，教师应采用多种方法来激发学生的学习兴趣，因为初中生具有智力水平迅猛提高但学习自觉性不强的心理特征。

（二）课堂学习

第一，逐步增加课堂自习内容，并对不同层次的学生提出不同的学习要求，对有困难的学生，教师可以通过不同形式的指导，师生互动完成，也可师生互助完成，教师应教给学生不同知识的自学方法。

第二，每一至二周以试题的形式布置一定的探究性问题或开展数学实践活动。对于实践活动，教师分小组指导。

第三，查学习效果，进行分析，并改进指导方法。

第四，阶段性地规定自学任务，形成习惯，对学习不自觉的学生跟踪督促。

（三）课后复习

第一，教师给出复习提纲，教学生如何抓重点，设计复习卡片，让学生认真填写每天复习的内容，每周定期检查学生的卡片，检查学生学习的效果。

第二，让学生明白课后及时复习是打牢学习基础，巩固记忆的好方法，是巩固学生自学习惯的必要措施。

第三，每周布置适当的内容让学生自学，通过作业检查形式或问答形式检查自学效果，了解不同层次学生的自学能力。

二、课堂教学活动中民主平等和合作的人际关系的形成

心理学的研究表明，中学生的人际交往欲望强烈，心理机制还没发育成熟，理智往往为感情所左右，也就是说，初中生的学习常常伴有情绪化。因此，只有在学习过程中有较多正面的情感体验，才能激发学生的兴趣，学生才会更加积极主动地思考、探索。课堂活动中民主、平等、合作的人际关系的形成有助于增强学生的探索欲和进取精神，有利于激发学生的学习兴趣，进而提升学生课堂学习的积极性、主动性；又由于学生对数学的态度，会直接影响学习的效果，所以课堂活动中民主、平等和合作的人际关系的形成对培养初中生的自主学习能力具有重要的作用。

三、课堂的教学方式和学习方式

合作的学习方式有利于小组成员进行交流，进而加强班级同学的团结；有利于数学自学过程中难题的解决；同时有利于活跃思维，激发智力活动等。

合作的学习方式首先需要划分好小组。划分小组的原则：一个小组内的学生的数学水平具有差异性，可以优势互补，且小组与小组之间的整体能力尽量维持平衡，有利于小组间的比赛，进而提高学生学习数学的积极性；其次，老师要合理调控课堂内小组合作学习的场面，以保证课堂自主学习的有效性；最后，老师要参与到小组合作学习中去，以便对学生的自主学习进行思路上的引导和关键性的提示，让自主学习的初中生不走进解答数学题的误区，进而增强学生自主学习的自信和兴趣，有效地提高学生的自学能力。

四、对学生的评价原则

根据目前中学生对老师的依附性的特点，以及《义务教育数学课程标准（2011年版）》指出的"学习评价的主要目的是全面了解学生数学学习的过程和结果，激励学生学习和改进教师教学"，因此，老师在对学生的评价中引入发展性、过程性、多元性的理念，对学生自信心的建立、奋斗目标的确定具有重大的意义。

发展性、过程性、多元性是指改变过去只注重数学"双基"及应试技能评价的狭隘的评价观，立足于学生的发展和知识与技能、过程与方法、情感态度价值观三维目标的要求，结合具体的评价内容，形成多角度、多层次、多维度的评价点，通过评价全面反映学生的学习情况，并产生有利于学生全面而有个性发展的积极导向作用。老师需要有意地收集各种有关学生表现的资料，并对资料进行合理的分析与解释，进而对学生做出正确的具有积极意义的评价，用以引导学生的自主学习。

第三节 数学思维培养

一、发散思维的培养

在现有的社会经济体制下，各行各业都希望拥有具有创新能力的人才，而教育服务于社会，教师就应培养学生的创新能力。创新能力应该怎么来培养呢？作为教育工作者，要想培养学生的创新能力，就应该着力于培养学生的发散思维，只有有了发散思维，学生才能从不同的方面和角度去思考，探求用不同的方法解决问题。

对于一个数学问题，教师应引导学生从不同的方面和角度去得到解决问题的不同方法，培养学生思维的广阔性，从而达到发散的目的。通过一题多变、一题多想、一题多解、一题多问等形式来解决问题，不仅增加学生对知识的掌握，同时提高学生的数学发散思维能力。

二、逻辑思维的培养

逻辑思维是人们在认识过程中借助于概念、判断、推理等思维形式能动地反映客观现实的理性认识过程。主要是指学生观察、比较、分析、综合、抽象、概括的能力，会用归纳、演绎和类比推理方法，准确地阐述自己的思想观点，形成良好的思维品质。在这个过程中，要考虑判断和推理的合理性和可行性，它与形象思维不同，它是用科学的抽象概念、范畴揭示事物的本质，表达认识现实的结果。

对学生加以数学逻辑思维培养的主要目的在于让学生养成三思而后行，做事一丝不苟、有条不紊的良好生活品质。而对于学生数学逻辑思维的培养，需要教师在教学过程中循序渐进地渗透相关的思想，特别是在几何内容部分，对这一思维要求特别高，同时也是培养与强化逻辑思维的好地方。

在数学解题教学中，我们教师要善于分析、综合相关问题，以培养学生的逻辑思维能力。

三、逆向思维的培养

逆向思维是指由果索因，知本求源，从原问题的相反方向着手的一种思维。它是对似乎已成定论的事物或观点反过来思考的一种思维方式，让思维向对立面的方向发展，从问题的相反面深入地进行探索，寻求支持结论成立的条件，从而树立新思想、新形象。人们习惯于沿着事物发展的正方向去思考问题并寻求解决办法，其实，对于某些问题，尤其是一些特殊问题，从结论往回推，倒过来思考，从求解回到已知条件，反过去想或许会使问题简单化。

第四节　应用意识培养

一、数学应用意识的相关概念

《义务教育数学课程标准（2011年版）》指出："数学应用意识有两个方面的含义：一方面，有意识利用数学的概念、原理和方法解释现实世界中的现象，解决现实世界中的问题；另一方面，认识到现实生活中蕴含着大量与数量和图形有关的问题，这些问题可以抽象成数学问题，用数学的方法予以解决。"

简单地说，数学应用意识就是指无论是在工作、学习还是生活中，只要遇到涉及数学的相关问题，我们都能将现实生活中的实际问题转化为对应的数学模型问题，达到抽象转换模拟，再从模拟转换到模型的问题，并有意识地运用数学思想方法进行解决。相应的数学应用意识主要体现在以下方面：数学广泛存在于现实生活中，能够从现实生活中找出所蕴含的数学信息；能以基于所学的数学基础，从数学化的角度找到相关的解决途径以及策略；当面对陌生的数学知识时，能主动地获取相关数学信息并探索其应用价值。

二、培养数学应用意识应达到的具体目的

在数学课程教学中，培养数学应用意识要达到以下几个明确目的：

第一，数学应用意识的培养。应将数学的应用意识植入学生个人的思维习惯，使学生具有用数学的意识。对数学课程教学而言，学习应是在基本知识准备的前提下，进行有用的思维训练，达到与实际应用相结合的有机统一。除了学生在校期间对数学的学习外，更重要的是能够想到用已经学到的数学知识解决自身在工作、学

习、生活中所遇到的实际问题。倘若一个人已有意无意地习惯于将数学知识应用到自身的工作、学习、生活中去，那么事实上，他就已经具有相当强的数学应用意识了。

第二，数学应用意识的培养。应将数学的应用能力送进学生的生活，使学生具有应用数学的能力。数学本身就是一门综合性较强的学科，它包括数字之间的简单及复杂运算法则、原因与结果之间的逻辑推理、相对应的空间现象问题的想象能力等。除此之外，更重要的是能够应用所学，结合具体情境设置相关的数学问题，做出正确的分析和判断，并能全力以赴最终成功地解决问题。

第三，培养学生数学应用意识。应该增加对学生的鼓励，使学生有学好数学的信心。我们在数学课堂上对学生的授课方法和内容会影响学生自身对数学学习的兴趣，假如我们的教学内容枯燥无味，方法一成不变，那么学生肯定不会产生兴趣。没有兴趣，何来数学应用意识？在数学学习中，大部分学生都认为数学本身就是一块难啃的骨头，极少数同学从心中就产生了抵触的情绪，因此，我们在数学课程的教学中，应融入学生自身的思维方式，多与学生沟通，了解他们的想法，从利于他们思考的角度来解决数学问题，注重他们的应用能力，使他们能够在快乐中掌握知识，在兴趣中应用知识，收获来自数学的自信，使他们充分体验到数学的价值和意义。这无疑是一种提高学生对数学学习的兴趣、增强学好数学的愿望和信心的重要方法。

三、数学应用意识的有效培养策略

在数学教学中要有效地培养学生的数学应用意识。可以从以下四个方面进行：

第一，教师应以数学应用为主要教学目的来进行相应的数学知识讲授。首先，教师应该从数学应用的范围、角度讲授现实生活中所需的数学知识；其次，联系学生生活中感兴趣的实际问题，使他们对数学产生一种价值感，让他们意识到数学在各个领域的广泛应用，从而为学生能够更好地利用数学知识解决日常生活问题创造有利条件。同时，基于初中学生的年龄特征，他们的思维方式正处于由直观的形象思维向抽象的逻辑思维进行转化的时期，在此期间，对于他们进行抽象逻辑思维的训练，还需要一些具体且直观的东西进行辅助，使他们能够在学习中感到快乐，产生兴趣，调动积极性。所以教师在讲授相关数学知识时，应尽量以实例引入相关的基本概念、阐述原理，通过实际举例来解释一些定理的实际意义与应用价值。例如，"点到直线的距离"的概念是学生经常弄错的，教学中可以选取体育课上测量跳远成绩做例子，在测量时尺子必须与起跳线保持垂直，才是准确的跳远成绩。这个例子贴近学生的生活，会给学生留下深刻的印象，从而让学生真正掌握"点到直线的距离"的概念。

第二，教师应在教学中让学生亲身经历数学知识的形成过程，教会学生数学建模的方法。通俗地来讲，数学建模就是将实际生活中的问题作为情境出发点，经过学生和老师的共同分析、以学生为主的梳理归纳，然后再引导学生顺势提出恰当的数学问题，新课程标准强调"使学生经历数学的发生发展过程"，所以不能将知识一味地灌输和告知学生，而要让学生"经历"，经历从实际问题环境中建立数学模型。概念很难教学，教师要在教学中加以引导发现；公式、方程很抽象，教师要从实际问题出发以指导孩子们如何应用，要做到从实际到理论，再从理论回到实际。例如，以"生活中常见的梯子问题"引导勾股定理数学模型的构建教学：一把长5m的梯子斜靠在垂直的墙上，梯子的顶端离地面4m，如果梯子的顶端下滑1m，那么底端也将滑动1m吗？这个问题，将勾股定理呈现在现实生活中。我们在探索与实践中建立数学模型，借"经历"探索数学问题的有效解决，我们有时不能实物观察，却能够通过实物模仿，如利用PPT、几何画板动态演示将研究内容可视化呈现，来激发学生好奇、探究的欲望，再给学生充分的自主探索的时间与空间，让学生的思维在相互讨论中碰撞，在相互学习中完善，之后勾股定理便被自然而准确地应用了。在此，数学已经从实际生活走向课堂，经过课堂学生的自身研究后，又从课堂回到实际生活中，数学模型已经构建，学生能感受到数学的学习的确是在"经历"了之后才有乐趣的，数学知识的确是从"经历"中总结出来的。

第三，加强活动课的教学，有效引导学生对综合实践活动的探究。新课程标准强调："综合实践活动是积累数学活动经验、培养数学应用意识的重要和有效的载体。"对特定的数学问题讨论与探究是探究性学习活动的主要内容，也可以以数学观点研究日常生活中的种种问题，让学生在独立和自主的实践学习中，深入理解数学原理及概念的演变过程，以及如何在实践中应用所学的数学理论知识。探究性活动使得课堂动静结合，趣味横生，使学生亲自动手学习知识的能力得以提高，独自解决实际问题的能力快速发展。探究性活动是培养学生创新能力与探索精神的一种重要方式，它有利于帮助学生全面运用所掌握的经验与知识，经过交流合作与独立探索，解决生产、生活中具有挑战性与综合性的问题，从而提高学生解决实际问题的水平，以此提高学生的数学应用意识。

枯燥的数学知识要让学生吸收，只有一个办法：联系生活实际。所以，让学生动手，让学生实践，允许学生犯错误，给学生感受数学应用的机会，这就是实践课、活动课。课堂不能拒生活于千里之外，让课堂生活化才能让课堂更为丰富多彩，比如有关衣食住行、购物、游戏、运动、旅游等日常生活，计算利息、利润、投入产出、商品销售、人口增长，以及土地资源、环境保护、生态平衡、农村养殖、作物施肥、建筑加工、运输决策、科学管理等方面的素材，均可作为综合实践活动的内容。

教师在对学生进行综合实践活动课指导时，要做到以下几点：

（1）活动前要精心准备。教师要设计好活动方案，结合教材找准知识能力的联系点，认真分析学生情况，预测活动中可能出现的问题，预备应对策略；把握活动所要达到的目的；学生要根据活动内容熟悉相应的数学知识，收集有关的数学资料，准备活动所需的器材等。

（2）以个人或小组为单位，在教师的指导下，结合具体的活动内容，采用灵活多样的活动形式来完成活动内容。例如，可以采用课外作业、动手操作、过程讲演、现场比赛、数据调查与结果分析报告、作品展示交流等方式。

（3）在活动中教师不能包办代替，要把活动的主动权交给学生，让学生亲自动手去尝试。失败了，分析原因，鼓励再来；成功了，总结经验。

（4）活动结束时，要及时总结，做好评价。教师要对学生活动过程中的表现进行公正的、以鼓励为主的评价，并指导学生写好活动记载，如实习活动后填写实习报告等。通过总结，形成有关数学知识的应用技能，获得解决问题的经验。

（5）在整个活动过程中，除了培养学生独立思考的自主探索精神外，还要鼓励学生参与对问题解决过程的讨论，学会与其他同学的合作与交流，发扬团结协作的精神，让他体会到在解决问题过程中与他人合作的重要性。

第四，实现多媒体技术和数学教学的有机融合。随着世界科学技术的不断发展，以计算机等多媒体为代表的信息技术在各个领域中得到了广泛的应用。数学教学是一个相对抽象的过程，其严密的逻辑性和思维性都对教与学提出了很高的要求，在教学过程中，教师可以指导学生高效地利用计算器等来提高计算效率，同时，也可以利用课件、动漫演示等多媒体技术进行授课，将抽象复杂的数学问题用直观形象的方式表述出来，并鼓励学生使用计算机等工具进行数学研究学习，通过将现代多媒体技术和数学教学相结合，很大程度上集中学生的注意力，有助于提高学生的学习效率和学习兴趣，并提高学生的实践操作水平。

结　语

随着数学教学改革要求和内容的不断进步，初中数学教学越来越以提升学生综合能力作为培养目标。传统数学教学方法已经逐渐影响到了学生学习的进度，无法充分适应当前教学目标要求，学生的数学学习效果受到较大限制，需要及时改进教学方法以满足社会发展和教育改革的要求。整体来说，教育的主体应该是学生。因此，数学教学应当遵循以人为本的理念，以学生的发展作为教学的中心，注重协调学生的个人发展和学习成绩。同时，培养学生的学科能力和创新意识，注重对学生的基础知识的教育，为学生的数学学习打好基底，保证初中学生的数学学习效率。

参考文献

[1] 马复. 初中数学教学策略[M]. 北京：北京师范大学出版社，2010.

[2] 张映姜，杨斌，梁英. 初中数学教学理念与教学示例[M]. 广州：华南理工大学出版社，2003.

[3] 缴志清. 初中数学教学关键问题指导[M]. 北京：高等教育出版社，2016.

[4] 伊红，钟旭天. 初中数学教学案例专题研究[M]. 杭州：浙江大学出版社，2005.

[5] 禹明，丛书. 初中数学教学活动设计案例精选[M]. 北京：北京大学出版社，2012.

[6] 李亚男. 初中数学教学攻略大全[M]. 长春：东北师范大学出版社，2010.

[7] 张明牲. 新课程理念与初中数学课堂教学实施[M]. 北京：首都师范大学出版社，2003.

[8] 尹安群. 初中数学教学中的问题与对策[M]. 长春：东北师范大学出版社，2007.

[9] 史承灼. 初中数学教学探究[M]. 合肥：安徽文艺出版社，2014.

[10] 石永生，肖鸿民，吕世虎. 新版课程标准下的初中数学教学法[M]. 北京：首都师范大学出版社，2012.

[11] 基础教育教学研究课题组. 初中数学教学指导[M]. 北京：高等教育出版社，2015.

[12] 赵俊慧. 初中数学教学法研究[M]. 沈阳：沈阳出版社，2014.

[13] 刘宇. 艺术化实践与运用——初中数学教学问题实践研究[M]. 北京：中国戏剧出版社，2013.

[14] 董林伟. 初中数学教学设计案例[M]. 南京：江苏科学技术出版社，2013.

[15] 李善良. 初中数学教学实践与反思[M]. 长春：东北师范大学出版社，2011.

[16] 关文信. 新课程理念与初中数学课堂教学实施[M]. 北京：首都师范大学出版社，2003.

[17] 吕世虎. 初中数学新课程教学法[M]. 北京：首都师范大学出版社，2004.

[18] 张丽晨. 初中数学课堂教学艺术[M]. 北京：中国林业出版社，2004.

[19] 张四保，侯永新. 初中数学课堂教学课型[M]. 长春：吉林大学出版社，2008.

[20] 黄一敏，胡惠闵，钱云祥，等. 初中数学课堂教学设计透视与导引[M]. 北京：世界图书出版公司北京公司，2010.

[21] 庞彦福. 初中数学有效教学[M]. 北京：北京师范大学出版社，2015.

[22] 章飞，凌晓牧. 初中数学研究与教学指引[M]. 北京：北京师范大学出版社，2012.

[23] 承锡生. 初中数学课程教学践行与反思[M]. 长春：东北师范大学出版社，2011.

[24] 孙艳玲. 初中数学有效教学初探[M]. 沈阳：沈阳出版社，2012.

[25] 北京教育科学研究院基础教育教学研究中心. 学科能力标准与教学指南. 初中数学[M]. 北京：北京师范大学出版社，2015.

[26] 中小学教师资格考试辅导用书编委会编写. 数学学科知识与教学能力. 初级中学[M]. 北京：高等教育出版社，2013.

[27] 教师资格考试命题研究中心组. 数学学科知识与教学能力.初级中学[M]. 北京:北京师范大学出版社，2015.

[28] 佚名. 初中数学学科知识与教学能力[M]. 济南：山东教育出版社，2015.